क्या आपका बच्चा दुनिया का सामना करने के लिए तैयार है?

प्रोफ़ेसर अनुपम सिब्बल (एमडी, एफ़आईएमएसए, एफ़आईएपी, एफ़आरसीपी {ग्लास्गो}, एफ़आरसीपी {लंदन}, एफ़आरसीपीसीएच, एफ़एएपी) बीस साल से शिशु रोग चिकित्सक हैं। भारत और यूके में प्रशिक्षित सिब्बल ने 1998 में अपोलो हॉस्पिटल्स, दिल्ली में भारत का पहला सफल शिशु लिवर ट्रान्सप्लांट कार्यक्रम स्थापित करने में मदद की। प्रोफ़ेसर सिब्बल 2005 से अपोलो हॉस्पिटल्स ग्रुप के ग्रुप मेडिकल डायरेक्टर हैं।

प्रोफ़ेसर सिब्बल मेक्वारी युनिवर्सिटी, ऑस्ट्रेलिया में मानद क्लीनिकल प्रोफ़ेसर हैं। चिकित्सा साहित्य में उनके 95 प्रकाशन हैं, वे तीन मेडिकल पत्रिकाओं के संपादकीय बोर्ड के सदस्य हैं और उन्होंने पीडियाट्रिक गैस्ट्रोएन्टरोलॉजी और हेपेटोलॉजी की एक किताब का संपादन भी किया है।

प्रोफ़ेसर सिब्बल अपनी पत्नी नन्दिनी और पुत्र देवांग के साथ नई दिल्ली में रहते हैं। यह उनकी पहली ग़ैर चिकित्सकीय पुस्तक है।

पुस्तक की प्रशंसा में

"माता पिता होने के नाते, हम यह सोच कर पीढ़ियों की आशाएँ और कामनाएँ ले कर चलते हैं कि हमारे बच्चों को हम से बेहतर अवसर मिलेंगे। लेकिन हमें इस सत्य का सामना करना पड़ेगा कि बच्चे कोई निर्देशिका साथ लेकर नहीं आते हैं। प्रोफ़ेसर सिब्बल की ये किताब, जिसकी परिकल्पना और बनावट बहुत सुन्दर है, एक ऐसी निर्देशिका है जिसकी माता पिता को ज़रूरत है। यह किताब, जो उनके एक पिता और शिशु रोग चिकित्सक होने का प्रमाण है, हर माता पिता को अनिवार्य रूप से पढ़नी चाहिए।"

— माधुरी दीक्षित नेने, अभिनेत्री,
और डॉ. श्रीराम नेने, कार्डिएक सर्जन

"अच्छे कार्य स्वयं अपनी अभिव्यक्ति करते हैं, जुबान तो केवल उनकी वाक्पटुता का बखान करती है। दिलचस्प कहानियों के साथ एक शानदार किताब, जो आपके दिल को छू जाएगी। हर माता पिता के लिए अनिवार्य।"

— नवजोत सिंह सिद्धू, भूतपूर्व क्रिकेटर

"हम आज जो भी अपने बच्चों के मन में भर देंगे, कल वे वही दुनिया को देंगे। एक बेटी के माता पिता होने के नाते, रोमी और मैं यह महसूस करते हैं कि पिछली पीढ़ी में बच्चों ने जो बहुत ही सहज भाव से सीख लिया था, आज हमारे परिवारों के बदलते परिवेश और परिणामस्वरूप बच्चों के पालन पोषण के बदलते तरीक़ों के कारण वही बातें आज के बच्चों को सिखाने के लिए बहुत अधिक प्रयास की आवश्यकता है। आज माता पिता को जिस विषय में सबसे अधिक मदद की ज़रूरत है, उस विषय पर ये प्रोफ़ेसर अनुपम सिब्बल द्वारा लिखी गई एक बढ़िया किताब है!"

— रोमी और कपिल देव, भूतपूर्व क्रिकेटर

"एक क्रिकेटर के रूप में, जीवन सिर्फ़ 'एक और जीत' की बात है। एक बल्लेबाज के रूप में जीवन 'एक और शतक' की बात है। फिर 1 मई 2014 को, नताशा और मेरी ज़िन्दगी में आज़ीन का आगमन हुआ। तभी से, मेरे अंदर का क्रिकेटर

और बल्लेबाज़, तो सेवा निवृत्त हो गए, और अब जीवन के मायने बदल गए हैं। अब ज़िन्दगी केवल इसी के इर्द-गिर्द घूमती है कि अब अगला टीका कब लगवाना है या जब आज़ीन सो रही हो तो उसे एक कम्बल उढ़ा दें, या फिर ड्यूटी फ्री पर फिर से शॉपिगं कर आएँ। नताशा का कहना है कि मैं अपने लाड़ से अपनी बेटी को बिगाड़ दूँगा। मैं उससे सहमत तो नहीं होना चाहता, लेकिन मन ही मन ये जानता हूँ कि वह सही है। मैं आज़ीन को सिर्फ़ 'हाँ' कहता हूँ। प्रोफ़ेसर सिब्बल की किताब मुझे बताएगी कि कैसे संतुलन बनाना है और सिखाएगी कि समय आने पर कैसे 'न' कहना चाहिए।"

—गौतम गम्भीर, क्रिकेटर

"'मोर इज कॉट दैन टॉट' (सिखाने से कहीं ज़्यादा देख कर समझा जाता है) यह एक कहावत है, और प्रोफ़ेसर सिब्बल ने सैकड़ों बच्चों के साथ काम करते हुए सीखे गए सरल बातचीत की तकनीक के माध्यम से इस महत्त्वपूर्ण सिद्धान्त का प्रदर्शन किया है। उन्होंने अपने बच्चे को महत्त्वपूर्ण मूल्य सिखाने के लिए उसके साथ जो विभिन्न कहानियाँ बाँटीं, वे भी उतनी ही शक्तिशाली हैं। यह आपके लिए एक अवसर है कि आप उन्हें अपने प्रयोग के लिए पुनः इस्तेमाल करें और अपने अमूल्य समय की बचत करें।"

—वर्न हार्निश, सीईओ, गज़ेल्स, *स्केलिंग अप के लेखक (रॉकफ़ेलर हैबिट्स 2.0)*

"कहा गया है कि जहाँ एक ओर हम सब अपने भूतकाल के वंशज हैं, वहीं दूसरी ओर हम अपने भविष्य के अभिभावक भी हैं। जब कोई पति पत्नी एक बच्चे को इस दुनिया में लाते हैं, तो वह न केवल उस बच्चे के लिए ज़िम्मेदार होते हैं, बल्कि इस बात के लिए भी ज़िम्मेदार होते हैं कि उनका बच्चा दुनिया के भविष्य को कैसे प्रभावित करेगा। मेरे पति और मुझे चार अद्‌भुत बेटियाँ वरदान स्वरूप मिली हैं, चारों ही अपनी शक्ति और अपने व्यक्तित्व में अनूठी हैं। मैंने हमेशा एक सिद्धांत को माना है कि हम बच्चों को जो भी सिखाते हैं, उससे कहीं ज़्यादा वे उससे सीखते हैं, जो हम हैं। इन सबसे ऊपर, अभिभावक बनना एक उपहार है। यह एक कला भी है और प्यार भरा कार्य भी है। जैसा कि प्रोफ़ेसर सिब्बल ने अपनी इस बेहतरीन किताब में लिखा है, इस कला के पीछे एक विज्ञान है जिसे सीखा जा सकता है। यह एक ऐसी किताब है जो न केवल माता पिता, बल्कि दादा दादी के लिए भी वरदान स्वरूप होगी।"

—सुचरिता रेड्डी, लेखिका और पाककला विशेषज्ञ

“प्रोफ़ेसर सिब्बल की प्रेरणादायक किताब ने मुझे रोज़ की कॉर्पोरेट दुनिया के झंझटों से बाहर निकाल कर याद दिलाया कि आप जो कुछ भी अपने परिवार और दूसरों के लिए करते हैं, और मानवता के लिए करते हैं, वही आपके जीवन को जीने लायक़ बनाता है और आपके उत्थान का कारण बनता है। जीवन का सबसे बड़ा लाभ इसी में निहित है।”

—जिम क्लिफ़्टन, अध्यक्ष और सीईओ, गेलप

“जब भी मैं देवांग से उसके पिता प्रोफ़ेसर सिब्बल के साथ मिलता था तो उसकी बुद्धिमत्ता, सकारात्मक सोच, विनम्रता और आदर भाव के साथ आकांक्षाओं का मिश्रण देख कर मुझे बहुत आश्चर्य होता था। मैं हमेशा सोचता था, ‘कोई इस प्रकार अपने बच्चे को कैसे पाल सकता है?’ जब मैंने यह किताब पढ़ी, तब जाकर यह राज़ खुला। मानवता के विकास के लिए यह कितना बढ़िया योगदान है!”

—डॉ. अशोक के चौहान, अध्यक्ष, एमिटी ग्लोबल एजुकेशन ग्रुप और
अध्यक्ष, एकेसी ग्रुप ऑफ़ कंपनीज़

“प्रो. अनुपम सिब्बल, वह सबसे आनंदप्रद लेखक हैं, जिनसे मैं अपने लंबे पत्रकारिता के करियर में मिला हूँ। वह हमेशा समायोजित, प्रासंगिक और हमारे दौर की बेहद ज़रूरी किताबें लेकर आते हैं। प्रोफ़ेसर सिब्बल ने आज के दौर की युगचेतना को बड़ी कुशाग्रता के साथ शब्दों में क़ैद किया है, और उनकी विवरणात्मक कड़ी प्रश्न करती है, ‘क्या अपने बच्चे से बढ़कर अनमोल कुछ और है?’ उनकी किताब माता पिता, होने वाले माता पिता और बच्चों के लिए एक मार्गदर्शिका है। यह किताब मूलभूत और आवश्यक मूल्यों से भरपूर है, और इसे ऐसी अनुपम दूरदृष्टि के साथ लिखा गया है कि समय की रफ़्तार के बावजूद, इसे हमेशा पढ़ा जाएगा। प्रोफ़ेसर सिब्बल का शिशु रोग विशेषज्ञ के रूप में प्रशिक्षण उनकी लेखन कला में सहायक है - निश्चय ही, वे इस विषय को भलीभाँति जानते हैं, और आप भी इसे पढ़ कर लाभान्वित होंगे। मैं वादा करता हूँ कि आप इसे दोबारा पढ़ेंगे, और मैं यह भविष्यवाणी करता हूँ कि इसे बार बार पढ़ेंगे।”

— प्रणय गुप्ते, लेखक और स्तंभकार

“अपने बच्चे की एक अच्छे इन्सान के रूप में बड़े होने में मदद करना दुनिया की सबसे बड़ी खुशी होनी चाहिए। अगर आप अभिभावक हैं, आप जानते हैं कि यह काम हमेशा इतना आसान नहीं होता। सौभाग्य से, अब मदद हमारे सामने है। एक शिशु रोग विशेषज्ञ और एक अभिभावक के रूप में प्रोफ़ेसर सिब्बल अपने अनुभव से आपको एक ऐसी निर्देशिका दे रहे हैं, जो आपके बच्चे में सही मूल्यों को स्थापित करेगी। इस किताब में रुचिकर कहानियाँ, ज्ञान से भरी उक्तियाँ और

व्यावहारिक सलाह है। अब अपने बच्चे पर एक एहसान करिए... नहीं, अपने ऊपर एक एहसान करिए। इस किताब को पढ़िए!"

–प्रकाश अय्यर, लेखक और लीडरशिप कोच

"हमें दो तरह की शिक्षा की आवश्यकता है... एक जो हमें यह सिखाए कि जीवन यापन कैसे करना चाहिए, और एक जो यह सिखाए कि जीवन कैसे जीना चाहिए। इस किताब में प्रोफ़ेसर सिब्बल ने अपने जो भी अनुभव हमारे साथ बाँटे है, वे हमें यह सिखाते हैं कि जीवन को कैसे जीना चाहिए। जीवन मूल्यों का यह सुन्दर संग्रह विश्वास और सत्य की तरंगों से गुंजायमान है और हमें यह प्रेरणा देता है कि हम एक बार फिर से वह बनें, जो कि हम वस्तुतः हैं। यह किताब हमारे अन्दर छिपे बैठे उस बच्चे के लिए है। आइए, हम सब वह बनें, जो हम चाहते हैं कि हमारे बच्चे बनें। यह किताब हमें न केवल अपने मूल्यों को जीना सिखाती है, बल्कि बच्चों के लिए उन मूल्यों को एक मज़ेदार अनुभव बनाने के रचनात्मक तरीक़े भी बताती है ताकि वे इस विश्वास के साथ बड़े हों कि मूल्यों के आधार पर जीना ही जीने का सही तरीक़ा है।"

– ब्रह्म कुमारी शिवानी

"परम पूज्य प्रमुख स्वामी महाराज, स्वामीनारायण अक्षरधाम के रचनाकार, सदा कहा करते थे, 'वह परिवार जो सदा एक साथ मिलकर भोजन करता है, एक साथ खेलता है और एक साथ प्रार्थना करता है, हमेशा एकजुट रहता है।' एक दूसरे साथ समय बिताना निश्चय ही परिवार को क़रीब लाता और जोड़ता है। अभिभावकों और बच्चों के बीच आपसी समझ और सक्रिय बातचीत से परिवार का बन्धन हमेशा मज़बूत बना रह सकता है। यह किताब माता पिता और बच्चों के बीच की उस नाज़ुक बन्धन पर आवश्यक ऊर्जा को अद्भुत रूप से प्रदर्शित करती है। इस किताब के लेखक और पाठकों के लिये प्रार्थना और शुभकामनाएँ।"

– साधु ज्ञानमुनिदास, वरिष्ठ स्वामीजी,
स्वामीनारायण अक्षरधाम मन्दिर

क्या आपका बच्चा दुनिया का सामना करने के लिए तैयार है?

डॉ. अनुपम सिब्बल

प्रस्तावना
अमिताभ बच्चन

अनुवाद : वंदना माथुर

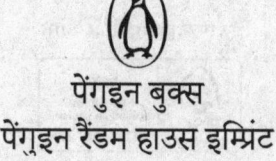

पेंगुइन बुक्स
पेंगुइन रैंडम हाउस इम्प्रिंट

पेंगुइन बुक्स

यूएसए | कनाडा | यूके | आयरलैंड | ऑस्ट्रेलिया | सिंगापुर
न्यू ज़ीलैंड | भारत | दक्षिण अफ्रीका | चीन

पेंगुइन बुक्स, पेंगुइन रैंडम हाउस ग्रुप ऑफ़ कम्पनीज़ का हिस्सा है,
जिसका पता global.penguinrandomhouse.com पर मिलेगा

पेंगुइन रैंडम हाउस इंडिया प्रा. लि.,
चौथी मंजिल, कैपिटल टावर -1, एम जी रोड,
गुड़गांव-122002, हरियाणा, भारत

पेंगुइन
रैंडम हाउस
इंडिया

प्रथम अंग्रेज़ी संस्करण पेंगुइन रैंडम हाउस द्वारा 2019 में प्रकाशित
प्रथम हिन्दी संस्करण पेंगुइन रैंडम हाउस द्वारा 2016 में प्रकाशित
प्रथम हिन्दी संस्करण हिन्द पॉकेट बुक्स में पेंगुइन रैंडम हाउस द्वारा 2021 में प्रकाशित

कॉपीराइट © अनुपम सिब्बल, 2015
प्रस्तावना कॉपीराइट © अमिताभ बच्चन, 2015

अनुवाद : वंदना माथुर

ISBN 9780143427940

मुद्रकः रेप्रो इंडिया लिमिटेड

www.penguin.co.in

FSC www.fsc.org
MIX
Paper from
responsible sources
FSC® C047271

This is a legitimate digitally printed version of the book and therefore might not
have certain extra finishing on the cover.

उन सभी बच्चों को समर्पित, जिनकी सेवा करने का सौभाग्य
मुझे पिछले दो दशकों में प्राप्त हुआ

विषय सूची

प्रस्तावना

हम अपने बच्चों को केवल दो चीज़ें विरासत में दे सकते हैं। उनमें से एक है जड़ें, और दूसरी है पंख। एक बच्चे के जीवन की सफलता की सबसे महत्त्वपूर्ण कुंजी होती है उसके माता पिता का उसके जीवन से सकारात्मक जुड़ाव।

अच्छे माता पिता बनने के लिए यह आवश्यक है कि बच्चों की ज़रूरतों के लिए माता पिता अपनी अनेक आवश्यकताओं और इच्छाओं का त्याग करें। इस त्याग के फलस्वरूप, माता-पिता के चरित्र में गरिमा का विकास होता है और वे निःस्वार्थ सत्य को व्यावहारिक रूप से प्रयोग में लाना सीख जाते हैं।

प्रो. अनुपम सिब्बल ने अपनी इस पुस्तक, *"क्या आपका बच्चा दुनिया का सामना करने के लिए तैयार है?"* में बहुत ही समझदारी, संवेदना और अनुभव के साथ एक सुन्दर, विस्तृत और व्यावहारिक मार्गदर्शिका का सृजन किया है (अठारह मूल्यों और क्या करें और क्या न करें की पचास बिन्दुओं की सूची) जिसे प्रत्येक समझदार माता-पिता को व्यवहार में लाना चाहिए। यही नहीं माता-पिता को यह समझना चाहिए कि यह एक आमंत्रण है उनके लिए, उनके मस्तिष्क और उनके हृदय में छिपे संवेदनशील प्रेम को केन्द्रित करने के लिए और उसे दिशा देने के लिए, ताकि उनके बच्चे प्रसन्नता के साथ पले बढ़ें और माता-पिता भी अपनी भूमिका को निभाते हुए प्रसन्नता का अनुभव करें।

ऐसी किताबें बहुत कम होती हैं जो लम्बे समय तक अपनी मान्यता बनाए रख पाती हैं। *"क्या आपका बच्चा दुनिया का सामना करने के लिए तैयार है?"* एक ऐसी अद्‌भुत किताब है जो परिवार के सभी सदस्यों को एक साथ बढ़ने में मददगार साबित होगी।

मुम्बई

Amitabh Bachchan

अमिताभ बच्चन

भूमिका

जब बात आती है एक पिता होने की, तो इससे कोई फ़र्क़ नहीं पड़ता कि आप किसी फ़ॉर्च्यून 500 कॉर्पोरेशन के सीईओ हैं, मशहूर खिलाड़ी हैं, फ़ौज़ में अफ़सर हैं, इंजीनियर हैं, किसान हैं या फिर सूचना प्रौद्योगिकी के प्रोफ़ेशनल हैं। आपके बच्चे के लिए आप सिर्फ़ एक पिता हैं, न उससे कुछ ज़्यादा, न कम।

जब राष्ट्रपति ओबामा को नोबेल शान्ति पुरस्कार दिए जाने की घोषणा हुई, तो उनकी बेटी मालिया उनके पास आई और बोली, "डैडी, आपने नोबेल शान्ति पुरस्कार जीता है, और आज बो का जन्मदिन है" (बो उनका पोच्युगीज़ वॉटर डॉग है, जो राष्ट्रपति ने अपनी बेटियों को उपहार में दिया था)। उनकी छोटी बेटी साशा बोली, "साथ ही हमारी वीकऐंड की छुट्टियाँ भी आ रही हैं।" इससे यह समझ आता है कि कोई भले ही यू एस का राष्ट्रपति बन जाए और उसे नोबेल शान्ति पुरस्कार मिल जाए, पर अपनी बेटियों के लिए वह केवल उनके 'डैडी' ही रहेंगे, और वे चाहेंगी कि वह उनके साथ उनके ख़ास दिनों में शरीक हों। एक बच्चे के लिए बच्चा होना सहज रूप से स्वाभाविक होता है। यह बहुत ही सरल है। लेकिन एक वयस्क के लिए पिता बनना, यह एक अलग ही किस्सा है।

एक पिता की विशाल ज़िम्मेदारियों को कंधे पर उठाने का विचार मात्र ही काफ़ी भारी प्रतीत होता है। ऐसे कई पिता हैं जिनके लिए बच्चों की भौतिक आवश्यकताएं - जैसे घर, कपड़े, पौष्टिक आहार, मेडिकल देखभाल, शिक्षा आदि को पूरा करना ही काफ़ी चुनौतीपूर्ण हो सकता है। लेकिन इन सबके अलावा, कहीं उन्हें अपने अंदर एक भय भी होता है, कि कहीं वे एक पिता के रूप में असफल सिद्ध न हों। मनुष्य को अनेक प्रश्न परेशान करते हैं। क्या मेरा बच्चा/बच्ची अपनी उन लैंगिक क्षमताओं पर खरा उतर पाएगा/पाएगी जिनके साथ वह पैदा हुआ/हुई है? क्या मैं अपने बच्चे में

उन मूल्यों को स्थापित कर पाऊँगा, जो मुझे सही लगते हैं? क्या मेरा बच्चा सही और ग़लत में फ़र्क़ कर पाएगा और क्या वह सही राह पर चल पाएगा? क्या वह एक अच्छा, नेक और दयावान व्यक्ति बन पाएगा? क्या मेरा बच्चा अन्य लोगों के साथ मिलजुल कर रह पाएगा? क्या वह एक सफल और ज़िम्मेदार नागरिक बनेगा/बनेगी? क्या मेरा बच्चा पारिवारिक मूल्यों की क़ीमत समझेगा? क्या वह अपने कार्यक्षेत्र में अपनी अलग छाप बनाएगा और दुनिया से जाते समय इसे एक बेहतर जगह बना कर जाएगा? इन सवालों की सूची अन्तहीन है। लेकिन इन सब के पीछे एक ही भावना है - क्या मैं एक पिता के नाते अपने कर्तव्यों को पूरा कर पाऊँगा ताकि मेरा बच्चा दुनिया का सामना करने के लिए तैयार हो पाए?

यही भाव राष्ट्रपति ओबामा ने तब अपनी बेटियों को एक पत्र में लिख कर व्यक्त किए थे जब उनका परिवार वाइट हाउस में शिफ़्ट हो रहा था। उन्होंने लिखा -

> जब मैं जवान था, तब मुझे लगता था कि जीवन का अर्थ है दुनिया में अपने लिए रास्ते बनाना, सफल होना और वह सब पाना, जो मैं चाहता हूँ। लेकिन फिर तुम दोनों मेरी दुनिया में आईं... और अचानक ही, मुझे अपने लिए बनाई गई सारी पूर्व योजनाएँ अब उतनी ज़रूरी नहीं लगती थीं। जल्दी ही मैं जान गया कि मेरी सबसे बड़ी खुशी तुम्हारी खुशी में थी। मुझे यह एहसास हुआ कि मेरी अपनी ज़िन्दगी का तब तक कोई मोल नहीं जब तक मैं तुम्हारी ज़िन्दगी में खुशियाँ और सन्तुष्टि के हर अवसर को सुनिश्चित नहीं कर दूँ। (ओबामा, 2009)

रॉजर फ़ेडरर ने भी अपनी इस विशाल ज़िम्मेदारी के एहसास को व्यक्त किया है, "पहले, शायद, मेरे माता-पिता ही मेरे लिए सब कुछ थे। लेकिन अब, मेरी दो बेटियाँ हैं और अचानक ही, वे पूरी तरह मुझ पर निर्भर हैं और घर में एक तीसरी पीढ़ी आ गई है।" (फ़ेडरर, 2009)

कोई भी व्यक्ति किसी बच्चे को दुनिया का सामना करने के लिए कैसे तैयार कर सकता है? एक तरीक़ा है कि बच्चे से अच्छे और बुरे के बारे में बात की जाए। लेकिन अधिकतर ऐसी बातचीत में अन्ततः ऐसा लगता है जैसे कि उपदेश दिया जा रहा है। अब ऐसी पीढ़ी के साथ कैसे बातचीत की जाए

जिसके पास ध्यान देना तो दूर, किसी की बात सुनने तक का समय नहीं है? बच्चे, ख़ासकर किशोर वर्ग, अपने माता पिता से बात ही नहीं करना चाहते।

अपने बच्चों को अच्छी किताबें दीजिए और आशा व प्रार्थना करिए कि उन्हें पढ़ा जाएगा। इस चीज़ के लिए बहुत प्रार्थना करने की ज़रूरत है, क्योंकि आँकड़े बताते हैं कि बच्चों को आजकल पढ़ने में रुचि नहीं है। 2011 में नैशनल लिटरेसी ट्रस्ट द्वारा प्रकाशित एक अध्ययन में यह पाया गया कि दस में से केवल तीन बच्चे ही ख़ाली समय में पढ़ना पसन्द करते हैं। 1/5 से अधिक बच्चे और युवा (22 प्रतिशत) कभी कभी या फिर कभी नहीं पढ़ते जब तक कि उन्हें ज़बर्दस्ती ना कहा जाए। आधे से ज़्यादा (54 प्रतिशत) पढ़ने से ज़्यादा टीवी देखना पसन्द करते हैं और क़रीब 1/5 (17 प्रतिशत) को शर्मिन्दगी होती है अगर उनके दोस्त उन्हें पढ़ते हुए देख लें (क्लार्क, 2012)।

एक और तरीक़ा यह भी है माता-पिता होने के नाते, बच्चों के साथ अपने अनुभवों को बाँटना, ताकि बच्चे वही ग़लतियाँ नहीं दोहराएँ, जो आपने की थीं। हम सबके पास कहने के लिए कितनी कहानियाँ हैं, कितने किस्से हैं और कितने सबक़ हैं जिन्हें हमने अपने अनुभवों से सीखा है, लेकिन हमें चार्ल्स वैड्स्वर्थ के इन शब्दों को याद रखना चाहिए, "जब तक आदमी को यह समझ आता है उसके पिता सही थे, उसके एक बेटा हो जाता है जो समझता है कि उसका पिता ग़लत है।"

एक बाल चिकित्सक के रूप में मिले अनुभवों के आधार पर, इन सालों में, मैंने अपने बेटे से बात करने का एक तरीक़ा ईजाद कर लिया है। पिछले दो दशकों में मैंने रोज़ ही बच्चों और किशोरों से बात की है। मैंने घण्टों इस बात पर ध्यान दिया है कि वे अपने माता पिता से किस प्रकार बात करते हैं। मैंने देखा है कि वे किस तरह अपनी स्वतंत्रता का ऐलान करने के लिए हर सम्भव प्रयत्न करते हैं। मैंने माता पिता की उस ज़रूरत को भी महसूस किया है जहाँ वे यह जानना चाहते हैं कि बच्चों से कैसे बात की जाए, बातचीत को कैसे प्रभावशाली बनाया जाए ताकि वह परस्पर अर्थपूर्ण और दिल से दिल का वार्तालाप बन सके। ऐसा रोज़ भले ही न हो, पर कभी कभी तो होना ही चाहिए। बच्चों और किशोरों के व्यवहार, उनका अपने माता पिता के साथ वार्तालाप और वयस्कों के साथ उनके सम्बन्धों का अध्ययन करने के इस अवसर ने मुझे वह आन्तरिक दृष्टि दी, जो इस

पद्धति को विकसित करने के लिए चाहिए थी। यह किताब मेरे उन अनुभवों को सबके साथ बाँटने का एक प्रयास है।

जहाँ तक मेरा एक पिता होने का निजी अनुभव है, मैंने हमेशा यह सुनिश्चित किया कि मुझे कम से कम पन्द्रह मिनट ऐसे मिले जिनमें मेरा बेटा देवांग सिर्फ़ मुझसे मिले। मैं यह समय तब लेने की कोशिश करता हूँ जब वह चाहता है। यह एक बहुत बड़ी चुनौती थी जिसे मैंने स्वीकार किया। यह किसी भी हफ़्ते में या हर दूसरे हफ़्ते में कोई निश्चित दिन नहीं था, क्योंकि ऐसा करने से यह एक बहुत ही औपचारिक प्रकिया हो जाती जो कि बच्चों और किशोरों को बिलकुल पसन्द नहीं है। ऐसा करने से वह कारण ही ख़त्म हो जाता जिस वजह से मैं उससे बात करना चाहता था। यह बातचीत कोई उपदेश का समय नहीं होता था यह तो एक दो तरफ़ा बातचीत होती थी जिसमें मैं उसे किसी हाल में हुई घटना के बारे में बात करने के लिए उकसाता था। फिर मैं अपनी कहानियों और घटनाओं की सीमित गठरी खोलता और कोई ऐसी बात उसे बताता जो उस माहौल के अनुरूप हो। हर कहानी को कुछ इस प्रकार गढ़ा जाता कि उसमें कोई न कोई ऐसा मूल्य छिपा होता था जो मुझे लगता था कि ज़रूरी है। शुक्र है कि इन्टरनेट से मुझे सभी ज़रूरी विवरण मिल जाते थे। कई बार हम दोनों मिलकर वेब पर और अधिक जानकारी के लिए खोज करते, जिसमें आगे वही रहता। कभी कभी हम एक घण्टा या उससे ज़्यादा भी एक साथ बिताते। जैसे ही उसे लगता कि अब हमें रुक जाना चाहिए, हम रुक जाते। आख़िरकार, यह एक ऐसी प्रक्रिया थी जिसमें उसे ऐसा लगना था कि वही उसे चला रहा है।

कुछ प्रकरण मुझे बहुत अच्छी तरह याद हैं। जब रॉजर फ़ेडरर ने यूएस ओपन कप जीता था और उसको सलामी देने के लिए हमने अपने अपने गिलास उठाए थे – उसने दूध का और मैंने चाय का – तब हमने कृतज्ञता के बारे में चर्चा की थी। चूँकि उस दिन चर्चा का विषय टेनिस था, हमने आर्थर एश की अद्भुत जीवनी के बारे में बातें कीं। एक और बार, जब उसने आईफ़ोन खरीदने की इच्छा व्यक्त की तो मुझे लगा कि इस वक़्त उसे स्टीव जॉब्स के जीवन के उतार चढ़ाव के बारे में जानना चाहिए। 2 अक्टूबर को, जिस दिन महात्मा गाँधी का जन्म दिन मनाया जाता है, उस दिन हमने चर्चा की कि किस तरह उन्होंने दुनिया को बदल दिया था। जब हम फ़ीफ़ा वर्ल्ड कप के उद्घाटन समारोह का मज़ा ले रहे थे, तब नेल्सन

मन्डेला की क्षमा हमारा चर्चा का विषय बन गया। जब मैं देवांग को दुनिया के सबसे महान क्रिकेट खिलाड़ी सचिन तेन्दुलकर से मिलाने ले गया, तब हमने विनम्रता के बारे में चर्चा की।

तो मैंने किन मूल्यों का चयन किया? वे मूल्य जो साधारण मनुष्यों को असाधारण बना देते हैं। वे मूल्य जिन्हें मानवता सदियों से जानती आई है। वे मूल्य जिनके बारे में हमने पढ़ा है और जिन्हें हम मूलभूत सिद्धान्तों के रूप में अपने जीवन में उतारने का प्रयास करते आए हैं। वह मूल्य जो बहुत सुन्दर और आकर्षक हैं, लेकिन उन्हें अपने नित्य के जीवन का हिस्सा बनाना उतना ही कठिन है। वे मूल्य, जो निःसन्देह महानता को परिभाषित करते हैं - जिनमें विनम्रता, संवेदना, ईमानदारी, दान, क्षमा और अन्य कई मूल्य शामिल हैं।

मैंने निजी अनुभव को बहुत सोच समझ कर इस्तेमाल किया, क्योंकि मुझे मार्क ट्वेन के ये शब्द याद रहते थे, "जब मैं 14 साल का बालक था, तब मेरे पिता इतने अंजान थे कि मैं उन्हें अपने आसपास बर्दाश्त ही नहीं कर पाता था। लेकिन जब तक मैं 21 का हुआ, मुझे यह देखकर आश्चर्य हुआ कि उन्होंने इन सात सालों में कितना कुछ सीख लिया था।" अब आप यह पूछेंगे कि एक अभिभावक के लिए यह सब शुरू करने का सबसे उचित समय क्या है। एक शिशु चिकित्सक होने के नाते मैं यह कहूँगा कि यह अभ्यास बारह साल की उम्र में शुरू कर देना चाहिए। इस उम्र तक बच्चे का बौद्धिक विकास काफ़ी हद तक हो चुका होता है, और इस उम्र के बच्चे ज़्यादा ग्रहणशील भी होते हैं। किशोर अवस्था के बच्चे तो यह समझते हैं कि उन्हें सब कुछ आता है। उन्हें यह लगता है कि सलाह लेने कि बजाय उनकी उम्र सलाह देने की है। शायद आप को लगे कि बारह साल में ज़्यादा देर तो नहीं हो गई? लेकिन वास्तव में ऐसा नहीं है। एक बच्चे को जीवन के पेचीदा मुद्दों को समझने के लिए उतना समझदार भी होना ज़रूरी है।

जिस तरह का सम्बन्ध मैंने अपने बेटे के साथ रखा, वैसा हर बच्चे के साथ होना सम्भव नहीं है। लेकिन हमें यह नहीं भूलना चाहिए कि बच्चे अपने माता पिता को देखना परखना बहुत कम उम्र से ही शुरू कर देते हैं, और इसलिए यह ज़रूरी है कि माता पिता भी वैसा ही आचरण करें जैसे आचरण की वे अपने बच्चे से अपेक्षा रखते हैं।

बच्चे में अद्भुत ग्रहण शक्ति होती है। उनकी आँखें बहुत क़रीब से देखती हैं, उनके कान बहुत ग़ौर से सुनते हैं। उनका मस्तिष्क अपने आसपास के वातावरण में जो भी घटता है, उसे बहुत ध्यान से ग्रहण करता है। कम उम्र में प्राप्त अनुभवों का प्रभाव जीवन भर रहता है। इस बात को माता पिता को कभी नहीं भूलना चाहिए। जिम हैनसन ने ठीक ही कहा है, "वे (आपके बच्चे) यह याद नहीं रखते कि आप उन्हें क्या सिखाते हैं। वे यह याद रखते हैं कि आप क्या हैं।"

मैं यह मानता हूँ कि मैं चाहे कितना ही माता-पिता के दृष्टिकोण को प्रस्तुत करना चाहूँ, मैं ऐसा नहीं कर सकता। मैं केवल एक पिता के दृष्टिकोण को ही प्रस्तुत कर सकता हूँ। एक माँ अपने बच्चे के जीवन में जो भूमिका निभाती है, एक पिता उसके क़रीब भी नहीं पहुँच सकता। मैंने अपनी पत्नी नन्दिनी का अपने बेटे देवांग के प्रति निःस्वार्थ प्यार देखा है - वह उसका मुस्कराते हुए 24x7, साल के 365 दिन बेटे का ख़याल रखना, बेटे का स्कूल में बेहतर प्रदर्शन करने पर उसकी आँखों में वह चमक, और आँसू जब वह अस्पताल में भर्ती हुआ था। अभिभावक के रूप में एक माँ को उच्चतम स्थान देने के सिवाय मेरे पास और कोई विकल्प है ही नहीं। बस, एक पिता होने के नाते मैंने अपने बेटे में उन मूल्यों को स्थापित और सशक्त करने का, उसका सम्बल बनने का प्रयास किया, जो कि हमारे बच्चे को वयस्क वय की चुनौतियों का सामना करने में मदद करेंगे। इस प्रकार मैंने अपनी ओर से नन्दिनी का सम्बल बनने का यथाशक्ति प्रयास किया है।

देवांग के साथ मेरे अनुभव से क्या उसके जीवन पर कोई फ़र्क़ पड़ा है? मैं उम्मीद करता हूँ कि पड़ा हो। मैं नहीं जानता कि वह बड़ा होकर कैसा बनेगा। लेकिन मुझे यह सन्तुष्टि है कि कम से कम मैंने कोशिश तो की - एक पिता के रूप में उसे दुनिया का सामना करने के लिए तैयार करने की कोशिश।

जब से मैं पिता बना हूँ और जब से मैंने यह किताब लिखनी शुरू की है, मुझे रडयार्ड किपलिंग की कविता 'इफ़' से बहुत प्रेरणा मिली है, और उस सन्देश से मेरे मन में जो आशा जगी, मैं उसको सब में फैलाना चाहता हूँ -

If you can keep your head when all about you
Are losing theirs and blaming it on you;
If you can trust yourself when all men doubt you,
But make allowance for their doubting too :
If you can wait and not be tired by waiting,
Or, being lied about, don't deal in lies,
Or being hated don't give way to hating,
And yet don't look too good, nor talk too wise;

If you can dream and not make dreams your master;
If you can think and not make thoughts your aim,
If you can meet with Triumph and Disaster
And treat those two impostors just the same.
If you can bear to hear the truth you've spoken
Twisted by knaves to make a trap for fools,
Or watch the things you gave your life to, broken,
And stoop and build'em up with worn out tools;

If you can make one heap of all your winnings
And risk it on one turn of pitch and toss,
And lose, and start again at your beginnings.

And never breathe a word about your loss :

If you can force your heart and nerve and sinew,
To serve your turn long after they are gone.
And so hold on when there is nothing in you
Except the Will which says to them : 'Hold on!'

If you can talk with crowds and keep your virtue,
Or walk with Kings nor lose the common touch,
If neither foes nor loving friends can hurt you,
If all men count with you, but none too much.
If you can fill the unforgiving minute,
With sixty seconds' worth of distance run.
Yours is the Earth and everything that's in it,
And which is more, you'll be a Man, my son!

विनम्रता

क्या आप ऊपर उठना चाहते हैं? तो पहले नीचे उतरने से शुरू कीजिए। क्या आप एक ऐसी मीनार बनाने की योजना बना रहे हैं, जो बादलों को चीरती हुई आसमान की ऊँचाइयों को छू लेगी? तो पहले विनम्रता की नींव डालिए।

—संत ऑगस्टीन

महात्मा गाँधी का मानना था कि विनम्रता एक ऐसा महत्त्वपूर्ण नैतिक मूल्य है, जिसे किसी भी व्यक्ति में अन्य मूल्यों के उभरने के पहले विद्यमान होना चाहिए। उनका विश्वास था कि अन्य मूल्यों को सीखने के लिए विनम्रता पहला क़दम है। एक बार जब वे ट्रेन से पोरबन्दर की यात्रा कर रहे थे, तो उन्हें एक ऐसा यात्री मिला जो अपनी निर्धारित सीट से अधिक जगह पर अधिकार करना चाहता था। वह अपनी सीट पर लेट गया, और उसने गाँधी जी को धक्का देते हुए उनकी गोदी पर अपने पैर रख दिए। हालाँकि उसने गाँधी जी को बहुत असुविधा पहुँचाई, लेकिन गाँधीजी ने कोई भी प्रतिक्रिया नहीं देने का निर्णय लिया। जब ट्रेन पोरबन्दर पहुँचने वाली थी, तो उस आदमी ने घोषणा की कि वह महात्मा गाँधी से मिलने जा रहा था। उसे यह एहसास ही नहीं हुआ कि वह सारी रात गाँधीजी के ही साथ था। जब गाँधीजी डिब्बे से नीचे उतरे तो हज़ारों लोगों ने उनका अभिनन्दन किया जो उनका स्वागत करने के लिए स्टेशन पर आए हुए थे। जब उस व्यक्ति को एहसास हुआ कि उसने क्या किया था तो वह गाँधीजी के पैरों पर गिर पड़ा। गाँधीजी, जो सदा ही क्षमा करने को तत्पर रहते थे, मुस्कराए और उस व्यक्ति से बोले कि उसे सदा ही दूसरे लोगों के प्रति आदरपूर्वक व्यवहार करना चाहिए।

सचिन तेन्दुलकर, जो कि करोड़ों लोगों के क्रिकेट के मसीहा माने जाते

हैं, न केवल एक शानदार क्रिकेट खिलाड़ी हैं, बल्कि नैतिक मूल्यों से परिपूर्ण एक अच्छे इन्सान भी हैं। भारत जैसे देश में, जहाँ क्रिकेट एक धर्म की तरह माना जाता है, तेन्दुलकर लोगों द्वारा पूजे जाते हैं। उनमें ऐसे असंख्य गुण हैं, जिनकी बदौलत उन्होंने न केवल क्रिकेट के मैदान में चौबीस सालों तक श्रेष्ठ प्रदर्शन किया, बल्कि दुनिया भर में करोड़ों का दिल भी जीता। इनमें से एक विशिष्ट गुण है विनम्रता। इतने सारे लोगों द्वारा जाने और निरन्तर बेहतरीन प्रदर्शन देने के फलस्वरूप उनमें अहंकार आ सकता था, लेकिन तेन्दुलकर उतने ही विनम्र बने रहे जितने कि वे तब थे जब उन्होंने सोलह साल की उम्र में अन्तर्राष्ट्रीय क्रिकेट के मैदान में क़दम रखा था। हर बच्चा सचिन तेन्दुलकर से मिलना चाहता है, उनसे हाथ मिलाना चाहता है और उनके साथ अपनी तसवीर खिंचवाना चाहता है।

छ: साल का हम्ज़ा अख़्तर पाकिस्तान से मेरे पास इलाज के लिए आया था। वह एक ऐसा ही बच्चा था। उसका लिवर फ़ेल हो गया था और उसे लिवर ट्रान्सप्लांट की ज़रूरत थी। मैं क्लिनिकल जाँच के दौरान हमेशा बच्चे से उसकी पसन्द और रुचियों के बारे में पूछता रहता हूँ ताकि मैं उसे बेहतर तरीक़े से समझ सकूँ। हम्ज़ा ने मुझे बताया कि उसे क्रिकेट खेलना बहुत पसन्द था। उसके पिता ने भी कहा कि वह एक अच्छा खिलाड़ी था। लेकिन पिछले कुछ दिनों से अपने बढ़ते पीलिया और कमज़ोरी के कारण वह क्रिकेट नहीं खेल पा रहा था, लेकिन जब भी क्रिकेट मैच का प्रसारण टेलिविज़न पर आता तो वह टेलिविज़न से चिपक जाता।

ट्रान्सप्लांट से दो दिन पहले, जब मैं सवेरे अपनी ड्यूटी पर था, जब मैं हम्ज़ा के कमरे से बाहर आ रहा था, उसने मुझे रोका और बोला, "डॉ. सिब्बल, क्या मैं एक सवाल पूछ सकता हूँ? क्या मैं सचिन तेन्दुलकर से मिल सकता हूँ? मुझे पता है कि भारतीय क्रिकेट टीम टेस्ट मैच के लिए दिल्ली आई हुई है।" मुझे समझ नहीं आया कि मैं क्या प्रतिक्रिया दिखाऊँ। बस मैंने सिर्फ़ मुस्करा कर कहा कि मैं शाम को वापस आकर उससे उसकी इच्छा के बारे में बात करूँगा। मेरे सामने एक बच्चा था जिसे अड़तालीस घण्टों के बाद लिवर ट्रान्सप्लांट का सामना करना था, एक ऐसा ऑपरेशन जिसकी सफलता की उम्मीद 90 प्रतिशत थी। यदि हम्ज़ा इस ऑपरेशन से नहीं उबर पाया तो यह विचार मेरे ज़ेहन को कचोटता रहेगा कि एक बच्चे कि इच्छा पूरी नहीं हो पाई।

साथ ही मुझे इस बात का भी गहराई से इल्म था कि हम्ज़ा की इच्छा को पूरा करना कितना मुश्किल था। लेकिन फिर भी, मैंने तय किया कि मैं अपनी तरफ़ से पूरा प्रयास करूँगा। मैं फ़िरोज़ शाह कोटला स्टेडियम गया और वहाँ की मेडिकल टीम के माध्यम से सचिन की पत्नी डॉ. अंजलि तेन्दुलकर से मिलने की प्रार्थना की, जो कि एक बाल विशेषज्ञ हैं। अंजलि मुझसे मिलने के लिए तुरन्त तैयार हो गईं, और मैंने उन्हें हम्ज़ा की इच्छा के बारे में बताया। अंजलि ने मेरा नम्बर लिया और वादा किया कि वे बाद में मुझे फ़ोन करेंगी। कुछ ही घण्टों के बाद उन्होंने मुझे फ़ोन किया और बताया कि सचिन हम्ज़ा से उनके होटल के कमरे में मिलना चाहते हैं।

मैं हम्ज़ा के कमरे में गया और उसे और उसके परिवार वालों को यह ख़ुशख़बरी सुनाई। देवांग ने भी साथ चलने की ज़िद की। उस रात, हम्ज़ा, देवांग और मैं 'क्रिकेट के मसीहा' से मिलने गए। सचिन और अंजलि हम सब के साथ बहुत आत्मीयता से मिले और सचिन हम्ज़ा के साथ बातचीत करने लगे। हम्ज़ा अपने साथ अपना बल्ला और टेनिस बॉल लेकर गया था। मुझे लगा कि हम्ज़ा अपने बल्ले और टेनिस बॉल पर सचिन के ऑटोग्राफ़ लेना चाहता है। लेकिन मुझे बहुत आश्चर्य हुआ जब उसने सचिन से पूछा कि क्या वह उनके साथ क्रिकेट खेल सकता है। सचिन मुस्कराए और बोले, "तुम बल्लेबाज़ी करो और मैं गेंदबाज़ी करूँगा।" हम्ज़ा के चेहरे पर जो 20,000 वॉट्स की मुस्कराहट खिल उठी थी, वह अविस्मरणीय है। तो सचिन गेंदबाज़ी करते रहे और हम्ज़ा बैटिंग करता रहा। यह सिलसिला क़रीब आधे घण्टे तक चलता रहा जब तक कि हम्ज़ा थक नहीं गया और कहने लगा कि अब वह आराम करना चाहता है। सचिन तो उसके साथ तब तक खेलने को तैयार थे जब तक वह चाहता था। सचिन ने हम्ज़ा के बैट पर अपना ऑटोग्राफ़ दिया और हम्ज़ा को कुछ चॉकलेट भी दी। इस प्रकार इस मुलाक़ात का अन्त हुआ। उस दिन सचिन ने मुझे यह यक़ीन दिला दिया कि वह उस पूजा के योग्य था जो उसके चाहने वाले उसके प्रति करते थे। उसने एक मित्र की तरह व्यवहार किया, सुपर स्टार की तरह नहीं। उस समय वह सिर्फ़ एक साधारण व्यक्ति थे जिन्होंने हम्ज़ा को एक बेहतरीन अनुभव देने का हरसम्भव प्रयास किया।

आज हम्ज़ा सोलह साल का है और एक सामान्य जीवन जी रहा है। मुझे यक़ीन है कि वह सचिन तेन्दुलकर के कमरे में बिताई उस शाम को

अक्सर याद करता होगा। देवांग और मैं भी याद करते हैं।

गौतम गम्भीर भी सचिन तेन्दुलकर का बहुत सम्मान करते हैं। मैं गौतम गम्भीर को कई सालों से जानता हूँ। वह 'गिफ़्ट अ लाइफ़ फ़ाउन्डेशन' के साथ जुड़े हुए हैं और अपोलो हॉस्पिटल्स ग्रुप की अंग दान करने की पहल के प्रारम्भ में उन्होंने अपने अंग दान करने का संकल्प लिया था। गौतम स्वयं भी बहुत ही सरल और विनम्र व्यक्ति हैं। सचिन के बारे में वे कहते हैं, 'उनकी विनम्रता उनके चरित्र के बारे में विस्तार से कहती हैं। उनकी विनम्रता उन्हें वह व्यक्ति बनाती है जो कि वह हैं' (पी टी आई, 2013)।

कपिल देव, वह व्यक्ति जिनके नेतृत्व में उनकी टीम को 1983 में पहली विश्व कप की जीत हासिल हुई, विनम्रता की साक्षात प्रतिमूर्ति का एक और उदाहरण हैं। उन्होंने अपोलो हॉस्पिटल्स ग्रुप के बच्चों में लिवर के रोगों के बारे में जागरूकता फैलाने के अभियान को बहुत समर्थन दिया और पिछले कुछ सालों में अनेक कार्यक्रमों में भाग भी लिया है। कुछ साल पहले, कुछ यूँ हुआ कि कपिल और मैं एक ही विमान में लंदन से वापस आ रहे थे। खुशक़िस्मती से मैं उनके बग़ल वाली सीट पर बैठा था। हमें विमान में बैठे कुछ ही वक़्त हुआ था कि उस एयर लाइन के स्टाफ़ से एक व्यक्ति आया और बोला, "कपिल, मैं शायद तुम्हें याद न होऊँ, पर आज से चालीस साल पहले हम दोनों अपनी स्कूल की टीम के लिए एक साथ क्रिकेट खेला करते थे।" कपिल ने उसे तुरन्त पहचान लिया, और गले से लगा लिया। मैं उनके मित्र की आँखों में नमी देख पा रहा था, क्योंकि उसे बिलकुल भी उम्मीद नहीं थी कपिल उससे इतनी गर्मजोशी से मिलेंगे। जब विमान हवा में उड़ने लगा, तो मैंने कपिल को उनकी विनम्रता के लिए बधाई दी। उन्होंने मेरी बधाई को बहुत ही साधारण तौर पर लेते हुए कहा, "मैं आज भी वही कपिल देव हूँ जो मैं तब था जब मैंने खेलना शुरू किया था, और अपने आख़िरी दिनों तक मैं वही रहूँगा।"

एक बार मुझे रतन टाटा से मिलने का गौरव प्राप्त हुआ। एक दिन मुझे सुबह यह बताया गया कि वे अपने एक मित्र से मिलने आएँगे जिनके पिता दिल्ली के अपोलो हॉस्पिटल की गहन चिकित्सा इकाई में भर्ती थे। हमारे यहाँ बहुत ख़ास लोगों के लिए कुछ विशिष्ट नियम हैं। इसलिए मैंने उनके असिस्टेन्ट से पूछा कि वे कितनी देर यहाँ रहेंगे और क्या हमें उनके लिए कुछ ख़ास इन्तज़ाम करने होंगे। हमसे कहा गया कि श्री रतन टाटा के

आगमन के लिए हमें कोई तैयारी करने की ज़रूरत नहीं है। मैंने हॉस्पिटल की लॉबी में श्री टाटा का अभिनन्दन किया, उन्हें उनके मित्र के पास ले गया और उन्हें एक विशेष कक्ष में जाने को कहा जिसका प्रयोग विशिष्ट व्यक्ति किया करते थे। श्री टाटा ने बड़ी ही विनम्रता से इंकार करते हुए कहा कि वे सामान्य प्रतीक्षा कक्ष में ही इन्तज़ार करेंगे और उनके लिए अलग से कुछ भी करने की आवश्यकता नहीं थी। मुलाक़ात के बाद, उन्होंने हमें उस बीमार व्यक्ति की देखभाल करने के लिए धन्यवाद दिया और ज़ोर दिया कि हमें उन्हें बाहर उनकी कार तक छोड़ने के लिए आने की ज़रूरत नहीं है। भारत का सबसे अधिक चहेता बिज़नेस मैन हमारे अस्पताल में आया और अपनी सादगी, ज़मीन से जुड़ाव और विनम्रता से सबके मन को लुभा कर सबके मन अपनी जगह बना कर चला गया। थॉमस कार्लाईल ने एक बार कहा था, "महान लोग अपने से छोटे लोगों के साथ व्यवहार में अपनी महानता को सिद्ध करते हैं।" उस दिन मैं एक महान व्यक्ति से मिला।

उस दिन शाम को जब मैं घर पहुँचा, तो मैंने देवांग को अपने अद्‌भुत अनुभव के बारे में बताया। उसने सचिन की विनम्रता देखी थी, कपिल देव के बारे में सुना था और रतन टाटा के बारे में जाना था। उसे एक ही सवाल हैरान कर रहा था, "ये लोग इतने विनम्र कैसे रह सकते हैं?" उसने मुझसे पूछा, "जब लोग उन्हें इतनी ऊँचाई पर देखते हैं, तो ये लोग ज़मीन से कैसे जुड़ पाते हैं?" मैने जवाब दिया, "शायद इसकी वजह है कि वे अपने अहं को अपने मन पर राज नहीं करने देते, और यही बात उन्हें महान बनाती है। अनेक पुरुष और महिलाएँ सफलता तो प्राप्त कर लेते हैं, पर इनमें से बहुत कम लोग महान बन पाते हैं। विनम्रता ही उन्हें अलग बनाती है, जैसे केक के ऊपर आइसिंग। इन महान व्यक्तियों को अपने अहं को क़ाबू में रखने के लिए निरन्तर प्रयास करते रहना पड़ता है। इसे याद रखने की कोशिश करना, देवांग।"

डॉ. प्रताप सी रेड्डी भारत में आधुनिक स्वास्थ्य सेवा के शिल्पकार माने जाते हैं। यूएस में एक दशक बिताने के बाद वो 1978 में तब भारत आए जब विदेश में काम कर रहे दूसरे डॉक्टर भारत वापस नहीं आना चाहते थे। उन्होंने एक हृदय विशेषज्ञ के रूप में एक सफल प्रैक्टिस स्थापित की। चूँकि उस समय भारत में हृदय की सर्जरी के लिए कोई सुविधाएँ उपलब्ध नहीं थीं, वे अपने रोगियों को सर्जरी के लिए यूएस भेजा करते थे। उनका

एक रोगी, सर्जरी के लिए आवश्यक पैसे जुटा पाने के पहले ही मर गया और अपने पीछे अपनी विधवा पत्नी और दो छोटे बच्चे छोड़ गया।

उसी क्षण डॉ. रेड्डी ने खुद से सवाल किया, अगर भारतीय डॉक्टर विदेश में बेहतरीन काम कर सकते हैं तो फिर अगर उन्हें बढ़िया अधोसंरचना और स्टाफ़ उपलब्ध करा दिया जाए तो वे यहाँ भारत में ऐसी बढ़िया देखभाल क्यों नहीं दे सकते? बस तभी उन्होंने, मद्रास (आज का चेन्नई) में भारत के सबसे पहले कॉर्पोरेट अस्पताल को स्थापित करने का निर्णय लिया। आज अपोलो अस्पताल एक महज़ 150 बेड के अस्पताल से बढ़कर एशिया का सबसे बड़ा इन्टेग्रेटेड हेल्थ केयर डिलेवरी सिस्टम बन गया है।

मैं 1997 में भारत के सबसे पहले पीडियाट्रिक लिवर ट्रान्सप्लांट प्रोग्राम को स्थापित करने के लिए अपोलो हॉस्पिटल्स ग्रुप से जुड़ा। मैंने डॉ. रेड्डी के बारे में पढ़ा तो था, लेकिन उनसे मिलने का अवसर पहले कभी नहीं मिला था। हमारी पहली मुलाक़ात में ही डॉ. रेड्डी से मिलकर मुझे लगा कि वह एक ऐसे व्यक्ति थे जो देश में दी जाने वाले स्वास्थ्य सेवाओं के तरीक़े को बदलना चाहते थे और उनमें वह क्षमता थी। वह इतने शालीन थे कि पहली ही मुलाक़ात में मैं बहुत ही सहज और अच्छा महसूस करने लगा। वह एक प्रेरणादायक व्यक्ति थे, और उन्होंने हमें यह यक़ीन दिलाया कि हम न केवल एक लिवर ट्रान्सप्लांट प्रोग्राम शुरू कर सकते थे, बल्कि उसे दुनिया के बेहतरीन कार्यक्रमों के समकक्ष ला सकते थे।

विख्यात लेखक प्रणय गुप्ते, जो डॉ. रेड्डी की जीवनी "द हीलर" के लेखक हैं, डॉ. रेड्डी के गुणों के कई विशिष्ट पहलुओं पर रोशनी डालते हैं। हमारी पहली मुलाक़ात में जो गुण उभर कर सामने आया, वह था विनम्रता। डॉ. रेड्डी हमेशा उनके ऑफ़िस में प्रवेश करने वाले हर व्यक्ति का स्वयं खड़े होकर स्वागत करते हैं। चाहे वह व्यक्ति मिनिस्टर हो या गृहस्थी चलाने वाला, डॉ. रेड्डी हमेशा उसके स्वागत में खड़े होते हैं। उनकी इस आदत पर मैंने 1997 में ग़ौर किया था, और आज अठारह साल बाद जब वे बयासी साल के हो गए हैं, मैं आज भी उनकी इस आदत को बरकरार पाता हूँ। कुछ साल पहले, डॉ. रेड्डी गिर गए थे और उनकी पसलियों में फ्रेक्चर हो गया था। उन्हें आराम करने को कहा गया, लेकिन चूँकि उन्हें काम से बेहद प्यार है, उन्होंने निर्णय लिया कि वे काम पर आएँगे। उस दिन जब सब उनके ऑफ़िस में आए तो उन्होंने यह कहकर खड़े होकर स्वागत न

कर पाने के लिए क्षमा माँगी कि उन्हें उनके ऑर्थोपेडिक सर्जन ने शरीर को ज़्यादा थकाने से मना किया है। मैं देवांग को जितनी बार संभव होता है, डॉ. रेड्डी से बातचीत करने का अवसर ज़रूर देता हूँ ताकि वह उनकी विनम्रता को क़रीब से देख सके।

मैं स्प्रिंगडेल्स स्कूल्स की संस्थापक श्रीमती रजनी कुमार और प्राध्यापिका डॉ. ज्योति बोस को भी उनके छात्रों में छोटी उम्र से ही विनम्रता का गुण स्थापित करने के प्रयासों के लिए साधुवाद देता हूँ। स्प्रिंगडेल के प्राथमिक स्कूल के बच्चों को अपनी कक्षा को साफ़ करने के लिए प्रोत्साहित किया जाता है, जिसके पीछे यह सीख है कि कोई भी काम छोटा या नीचा नहीं है। उन्हें अपने से कम भाग्यशाली बच्चों से मिलने और बात करने का अवसर दिया जाता है। इनमें सफ़ाई अभियान, होमवर्क में मदद करना और अपनी किताबें और खिलौने बाँटना शामिल है।

जब हमारा बेटा चौदह साल का था, मैंने उससे पूछा कि क्या उसे लगता था कि वह विनम्र है। उसका जवाब था, "हाँ पिताजी।" "वाह, यह तो बहूत अच्छी बात है," मैंने उससे कहा और बात आगे बढ़ाते हुए बोला, "तुम थोड़ा और विनम्र होने का प्रयास कर सकते हो।" उसने तुरन्त जवाब दिया, "आप भी थोड़ा और विनम्र हो सकते हैं।" देवांग और मैंने यह निर्णय लिया कि जब हम दोनों एक दूसरे को दूसरों के साथ बातचीत के दौरान विनम्र पाएँगे तो एक दूसरे को ज़रूर बताएँगे। अब तो यह एक बहुत ही मज़ेदार गतिविधि हो गई जिसका हम दोनों इन्तज़ार करते। देवांग बेहतर बनने का भरसक प्रयास करता। अक्सर रविवार की दोपहर किसी फ़िल्म के थिएटर में ही बीतती थी। देवांग मॉल के प्रवेश द्वार पर तैनात सिक्योरिटी स्टाफ़ का अभिनन्दन करना कभी नहीं भूलता था और जब उसे अन्दर ले लिया जाता था तो वह उन्हें धन्यवाद देता। फ़िल्म के थिएटर के स्टाफ़ और उपहार गृह के स्टाफ़ का वह अभिनन्दन करता था। वह यह समझ गया था कि चूँकि हर किसी के पास अपने नाम का एक का बैज था, किसी भी व्यक्ति को उसके नाम से सम्बोधित करने पर उसे एक साधारण से 'गुड आफ़्टरनून' की अपेक्षा अधिक मुस्कराहट भरी प्रतिक्रिया मिलती थी। मैं जितनी बार उसे बताता था कि वह बहुत अच्छा कर रहा था, मुझे उसकी आँखों में ख़ुशी की चमक दिखती थी। उसके स्कूल में भी हमें सिक्योरिटी सुपरवाइज़र और सहायकों ने बताया था कि देवांग रोज़ उनका अभिनन्दन करता था। जूनियर

स्कूल के बच्चों ने बताया कि देवांग बहुत मिलनसार था और कभी भी दबंग बनने की कोशिश नहीं करता था। एक प्रकार से, विनम्र होने की हमारी छोटी सी प्रतियोगिता एक अच्छी आदत के रूप में अपना प्रभाव डाल रही थी।

दिल्ली यूनिवर्सिटी के वाइस चान्सलर डॉ. दिनेश सिंह ने, तीसरी वर्षगाँठ के अपने भाषण में ज़िक्र किया कि अपने कॉलेज के दूसरे साल में देवांग उनका पहला इन्टर्न था। उसे सबसे पहला जो काम दिया गया था, वह था – ऑफ़िस के शौचालय को साफ़ करना। देवांग के हाव भाव से कहीं भी अनिच्छा नहीं दिखी और उसने शौचालय को पूरी लगन के साथ बिना किसी हिचकिचाहट के साफ़ कर दिया, जबकि उसके बाद आने वाले अन्य लोगों ने ऐसा नहीं किया। जब मैंने इस बात पर नन्दिनी की आँखों में आँसू देखे, मैं समझ गया कि हमारे बच्चे ने कर्म की गरिमा और विनम्रता के महत्त्व को सीख लिया था।

मैं आशा करता हूँ कि जैसे जैसे देवांग बड़ा होगा, और सफल भी, वह विनम्र ही बना रहेगा। सफलता और अहंकार साथ साथ रहते हैं। इसलिए यह आवश्यक है कि इससे पहले कि हमारे बच्चे सफलता का स्वाद चखें और अहंकार उनमें जड़ पकड़ ले, हमें अपने बच्चों को विनम्रता के गुण का पाठ पढ़ा देना चाहिए। फ्रैंकोइस फ़ेनेलोन ने कितना सही कहा है, "विनम्रता कोई कृपा नहीं है जिसे कुछ ही महीने में प्राप्त किया जा सके। यह तो एक जीवन भर की उपलब्धि है।" इसलिए हमें कम उम्र में ही शुरू कर देना चाहिए। हमें खुद को यह याद दिलाते रहना चाहिए कि अन्य गुणों को उभारने के लिए विनम्रता बहुत आवश्यक है।

विनम्रता का यह मतलब नहीं है कि आप खुद को कम सोचें,
इसका मतलब है खुद के बारे में कम सोचें।

—सी एस लूइस

प्रतिकूल परिस्थितियों का सामना करना

सफलता आपकी उपलब्धियों से नहीं, बल्कि उन विरोधों से नापी जाती है जो आपके रास्ते में आते हैं, और उन विपरी त परिस्थितियों के विरुद्ध आपने जिस साहस के साथ निरन्तर संघर्ष किया होता है।

—ऑरिसन स्वेट मार्डेन

जब हमें वह नहीं मिल पाता जो हम पाना चाहते हैं तो हम खुद को अच्छा महसूस कराने के लिए बहाने बनाने लगते हैं। हम सबके पास कई तरह के बहाने हो सकते हैं, जैसे :

'मैं अपना लक्ष्य प्राप्त कर सकता था, लेकिन भाग्य ने साथ नहीं दिया।'

'काश! मुझे वह दौलत मिल जाती जिसकी मुझे ज़रूरत थी तो मैं सफल हो जाती।'

'मेरे साथ काम करने वाले मेरी तरक्की नहीं देख पाए और उन्होंने मुझे नीचे गिराने साज़िश की।'

'काश! मुझे ऐसा परिवार मिला होता जो यह समझ पाता कि मैंने जो लक्ष्य पाने का निश्चय किया था, उसके लिए मुझे कुछ आज़ादी आवश्यक है।'

...आदि, आदि। जब बच्चे अपने अभिभावकों को बहाने बनाते हुए देखते हैं, तो वह भी वैसा ही करने लगते हैं।

शायद हम सबसे ज़्यादा बहाने जिस परिस्थिति में बनाते हैं, वह है स्वस्थ रहने के लिए। पिछले एक दशक में, मैंने स्कूल के बच्चों में मोटापे के बढ़ते प्रकरण देखे हैं। उनके जीवन के इतिहास, शारीरिक परीक्षण और जाँच के बाद मोटे बच्चों को एक डायट प्लान और व्यायाम करने की सलाह दी जाती है। डायट प्लान तो काफ़ी सरल होता है - खाने में वसा और कार्बोहाइड्रेट्स की मात्रा कम करना, ताज़ी सब्ज़ियों की मात्रा बढ़ाना और दिन में कई बार छोटी मात्रा में भोजन लेना। ऐसा ही व्यायाम का प्लान भी होता है - हफ़्ते में छः दिन चालीस-पैंतालीस मिनट तक कसरत करना, जिसमें तेज़-तेज़ पैदल चलना व्यायाम का एक प्रस्तावित प्रकार होता है। अक्सर बच्चे इस मेडिकल सलाह का पालन नहीं कर पाते। इसके कई कारणों में जंक फ़ूड की घर पहुँच सेवा से लेकर फ़ास्ट फ़ूड की बढ़ती हुई दुकानें, पके पकाए भोजन तक आसान पहुँच और सॉफ़्ट ड्रिंक्स के बढ़ते हुए विज्ञापन हैं। व्यायाम नहीं कर पाने के लिए पढ़ाई का बढ़ता बोझ, गर्मी के कारण व्यायाम करने में कठिनाई और खेलकूद के उपकरणों के अभाव का बहाना बनाया जाता है। यह जानना बड़ा रुचिकर होगा कि इन सब बहानों का उन सबसे बहुत कम वास्ता है जिनकी उम्मीद बच्चे से की जाती है। बहाने बनाना बदलाव लाने से ज़्यादा आसान है। बच्चे अपने माता पिता को वज़न नहीं घटाने के लिए बहाने बनाते देखते हैं (कुछ परिवारों में मोटापा वंशानुगत भी होता है) और वे अपने माता पिता की नकल करते हैं।

लेकिन कुछ लोग ऐसे भी हैं जो सिर्फ़ व्यायाम के भरोसे नहीं बैठे रहते। बल्कि सच तो यह है कि वे तब भी सफल हुए जब परिस्थितियाँ उनके बिलकुल ही विपरीत थीं।

सिमी सिंह ने 2003 में एक मैनेजर के रूप में मेरे क्लीनिक में काम करना शुरू किया। सिमी की मुस्कराहट बहुत आकर्षक थी और वह लोगों के साथ व्यवहार करने की कला में निपुण थी। जल्दी ही वह बच्चों और उनकी माँओं में बहुत लोकप्रिय हो गई। सिमी के आने के दो हफ़्ते के अन्दर नन्दिनी ने क्लीनिक में बहुत से बदलाव देखे। खिलौने और खेल की चीज़ें जिस प्रकार से रखी जाती थीं, बच्चों की फ़ाइलों पर स्माइली बनी हुईं, जन्मदिन की एक सुलझी हुई सूची और फ़ाइलों को सुव्यवस्थित तरीक़े से रखना आदि ऐसे ही कुछ बदलाव थे। सिमी क्लीनिक में आने वाले हर व्यक्ति के चेहरे पर एक मुस्कान ला देती थी, और चिन्तित माँओं के चेहरे पर मुस्कान लाने

जैसे कठिन काम को भी जीत लेती थी। सिमी के साथ काम करते करते हमारे परिवार ने, ख़ासकर देवांग ने, यह समझा कि विपरीत परिस्थितियों को जीतने का क्या मतलब होता है।

सिमी किशोर अवस्था में थी जब उसे संधिशोध की परेशानी शुरू हो गई। संधिशोध जोड़ों की बीमारी है जिसमें जोड़ों में सूजन आ जाती है। सूजन कम करने वाली दवाइयाँ लेने के बावजूद उसकी हालत बिगड़ती गई। दवाइयों की शक्ति को बढ़ाया गया लेकिन उसकी हालत बिगड़ती ही गई। उसके जोड़ों की गतिशीलता बहुत अधिक प्रभावित थी और जब तक वह इक्कीस वर्ष की हुई, उसे घुटना प्रत्यारोपण करवाने की नौबत तक आ गई। अगले तीन सालों में उसे शरीर के अन्य जोड़ों में इतना अधिक दर्द होने लगा कि उसके लिए दर्द बर्दाश्त करना मुश्किल हो गया। लेकिन सिमी से मिलने वालों को कभी यह अन्दाज़ तक नहीं हुआ कि उसे कितना दर्द है, उसकी मेडिकल हालत क्या है, उसकी कितनी सर्जरियाँ हुई हैं और वह अपने को दर्द से मुक्त रखने और सुगमता से चलने फिरने के लिए कितनी दवाइयाँ ले रही थी। इतनी सारी चुनौतियों के बावजूद, सिमी सबसे ज़्यादा खुशमिज़ाज लड़की है और हमेशा मुस्कराती रहती है।

सिमी ज़िन्दगी से लड़ने वाली योद्धा है। एक बार उसने मुझसे कहा था, "मैं दिल ही दिल में जानती थी कि मुझे अपने लिए खुद ही खड़े होना होगा। लोग मेरे प्रति सहानुभूति रख सकते हैं, लेकिन नकारात्मकता को बाहर का रास्ता दिखाकर सकारात्मकता के लिए द्वार तो मुझे ही खोलना होगा।"

सारा इतिहास ऐसे पुरुषों और महिलाओं से भरा पड़ा है जिन्होंने अजेय लगने वाली विपरीत परिस्थितियों को जीत कर दिखाया है। जब मैं ऐसे बच्चों से मिलता हूँ जो बहाने बनाने की कोशिश करते रहते हैं तो मैं उन्हें लुडविग वैन बीथोवेन का उदाहरण देता हूँ, ख़ासकर तब जब वह बच्चा संगीत में रुचि रखता हो।

विश्व के प्रमुख प्रभावी संगीतकारों में से एक, लुडविग वैन बीथोवेन ने बहुत कम उम्र से ही संगीत में रुचि दिखानी शुरू कर दी थी, जब तक वे बीस वर्ष के हुए, वह एक प्रख्यात संगीतकार बन चुके थे। जब वे छब्बीस साल के हुए, तो उन्हें टिनिटस नामक बीमारी हो गई। टिनिटस एक ऐसी परिस्थिति है जिसमें व्यक्ति को कान में घण्टियाँ जैसी बजती सुनाई देती हैं

जिससे उसे और कुछ भी सुनने में परेशानी होती है। शुरू में बीथोवन की ऊँची फ्रिक्वेन्सी की ध्वनि सुनने की क्षमता खो गई। बाद में यह समस्या और अधिक बढ़ गई और वह श्रोताओं की तालियाँ तक नहीं सुन पाते थे। चौंतीस की उम्र तक बीथोवेन लगभग बहरे चुके थे। क्या बीथोवेन ने अपने बहरेपन को बहाने के रूप में इस्तेमाल किया? बल्कि इसके विपरीत उनके सबसे बेहतरीन संगीत का सृजन उनके बहरेपन की बीमारी होने के बाद ही हुआ। *द नाइन्थ सिम्फ़नी,* पियानो के अन्तिम पाँच सोनाटा और और अन्तिम पाँच *स्ट्रिंग क्वार्टेट* तब बनाए गए जब वे लगभग बहरे हो चुके थे।

जब भारत में पोलियो के विरुद्ध जंग अपने अन्तिम चरण में पहुँच चुकी थी, तब पोलियो को मीडिया में बहुत जगह और समय दिया गया। देवांग और मैंने फ्रैंकलिन डी रूज़वेल्ट के बारे में चर्चा की जिन्हें उन्चालीस साल की उम्र में पोलियो हो गया था। उनके पैर बेकार हो गए और उन्हें ह्वील चेयर का इस्तेमाल करना पड़ता था। लेकिन वह इस अपंगता से होने वाले अवसाद से उभर गए और न्यू यॉर्क के गवर्नर बन गए। इक्यावन साल की उम्र में वह यू एस के राष्ट्रपति बने। यू एस के इतिहास में वह एकमात्र ऐसे राष्ट्रपति थे जिन्होंने दो सत्रों से अधिक कार्य किया।

पोलियो के विरुद्ध टीका विकसित करने में मदद करने के उद्देश्य से रूज़वेल्ट ने नैशनल फ़ाउन्डेशन फ़ॉर इन्फ़ैन्टाइल पैरालिसिस (एनएफ़आईपी) की स्थापना की। एनएफ़आईपी ने डॉ. एलबर्ट सबीन द्वारा शुरू की गई पोलियो अनुसंधान परियोजना को समर्थन दिया। इस फ़ाउन्डेशन ने पोलियो के टीके को विकसित करने के लिए डॉ. जोनस साक को नियुक्त किया। 1959 में डॉ. साक का 'मृत' पोलियो वाइरस पहला सफल पोलियो टीका बना। 1962 में डॉ. साबीन ने ओरल पोलियो वैक्सीन विकसित किया। 2014 तक पोलियो तीन देशों को छोड़कर बाक़ी सभी देशों में समूल नष्ट किया जा चुका था। रूज़वेल्ट की परिकल्पना ने विश्व को पोलियो से मुक्ति दिलाई और यह सिद्ध कर दिया कि अक्सर एक व्यक्ति का सपना ही काफ़ी होता है।

जब भी देवांग और मैं स्टीवन स्पीलबर्ग की फ़िल्म देखते हैं तो मैं उसे यह ज़रूर बताता हूँ कि स्टीवन स्पीलबर्ग ने न केवल कठिनाइयों को पार करने के लिए भरसक प्रयास किया, बल्कि उन्होंने अपने ही तरीक़े से अपने समय में ही अपने सपनों को साकार भी कर लिया। तीन अकादमी पुरस्कारों के विजेता स्टीवन स्पीलबर्ग को *लॉस्ट आर्क, इन्डियाना जोन्स*

एण्ड द किंगडम ऑफ़ द क्रिस्टल स्कल्स, जॉज़, ईटी, और जुरासिक पार्क जैसी फ़िल्में बनाने का श्रेय प्राप्त है। स्कूल में स्टीवन स्पीलबर्ग को औसत ग्रेड्स मिला करते थे क्योंकि उन्हें डिस्लेक्सिया की बीमारी थी। इसलिए उन्हें किसी भी फ़िल्म स्कूल में दाखिला नहीं मिला। फ़िल्में बनाने के उनके जुनून ने उन्हें लॉस एंजिलिस के यूनिवर्सल स्टूडियो की ओर आकर्षित किया, जहाँ वे हफ़्ते में तीन दिन व्यावसायिक लोगों को बड़े ग़ौर से देखते, उनसे बातचीत करते और उनसे प्रश्न पूछते। इस प्रकार वे एक स्व प्रशिक्षित फ़िल्म निर्माता बन गए। 2005 में *एम्पायर मैगज़ीन* ने उन्हें अब तक का सबसे महान फ़िल्म निर्देशक घोषित किया। उन्होंने एक बहुत ही लोकप्रिय उक्ति दी है, "मैं रात में सपने नहीं देखता। मैं दिन में सारे सपने देखता हूँ। मैं जीने के लिए सपने देखता हूँ।"

2011 में, मैट स्ट्रट्ज़मैन ने सबसे लम्बे सही निशाने के लिए गिनीज़ विश्व रिकॉर्ड बनाया। उनका यह रिकॉर्ड इसलिए विशेष है क्योंकि उनके दोनों हाथ ही नहीं हैं। उनके दत्तक माता पिता ने उनके मस्तिष्क में यह भावना कूट-कूट कर भर दी थी कि असम्भव केवल मन की स्थिति है। स्ट्रट्ज़मैन ने सब कुछ अपने पैरों से करना सीखा - खाना, गाड़ी चलाना, गिटार बजाना, और मछली पकड़ना। 2012 में लंदन के पैरालिम्पिक गेम्ज़ में उन्होंने तीरन्दाज़ी में रजत पदक जीता। अपने पैरों से तीरों को धनुष पर चढ़ाने का उनका एक अलग ही विशिष्ट अन्दाज़ था। पुरस्कार जीतने के बाद *पर्थ नाउ* के साथ एक साक्षात्कार में उन्होंने कहा, "मेरा उद्देश्य था अपने सकारात्मक दृष्टिकोण से किसी को प्रेरणा दे पाना, चाहे वह सिर्फ़ एक ही व्यक्ति क्यों न हो। असम्भव कभी भी मत कहो! अगर मैं यह कर सकता हूँ, वह भी हाथों के बिना तो फिर कोई भी कर सकता है। मुझे देखकर लोग यही कहेंगे कि मेरे पास कोई बहाना नहीं है। मैं यह नहीं कह सकता कि मेरी पीठ में दर्द है या मेरी उँगली में चोट लगी हुई है। यह आदमी बिना हाथ के तीर चला रहा है। मैं हर व्यक्ति को यह एहसास दिलाना चाहता हूँ कि यदि आप कोशिश करेंगे तो आप इस जीवन में जो कुछ भी करना चाहते हैं, वह कर सकते हैं" (फ़ोरमैन, 2012)।

हमें अपने बच्चों को यह भी सिखाना है कि कभी कभी साफ़ और सीधी राहों पर भी अचानक ऐसी अड़चनें आ जाती है जिन्हें पार करना असम्भव सा लगता है। लेकिन यही वे घड़ियाँ हैं जब हमें सबसे अधिक

अडिग रहना चाहिए। मेरे जो किशोर मरीज़ अपनी किसी विशेष परिस्थिति के लिए अपनी क़िस्मत को दोष देते हुए बहाने बनाते हैं तो मैं अक्सर उन्हें जीन डॉमिनिक बॉबी का उदाहरण देता हूँ जो कि *एले* पत्रिका के बहुत ही सम्माननीय पत्रकार थे। तैंतालीस साल की उम्र में उन्हें एक भयानक रूप से लकवा मार गया और वे कोमा में चले गए। तीन हफ़्ते बाद वे कोमा से बाहर आए, लेकिन वे एक ऐसी हालत में थे जिसमें उनका मानसिक संतुलन तो बना हुआ था, लेकिन उनका शरीर निष्क्रिय हो गया था। बॉबी की बोलने की शक्ति चली गई थी और वे अपने हाथ पैर भी इस्तेमाल नहीं कर पाते थे। वे केवल अपनी बाईं पलक को झपका पाते थे। उन्होंने पार्टनर असिस्टेड स्कैनिंग नामक तकनीक को सीखा। जब भी इन्टरलॉक्यूटर उनके मनचाहे अक्षर पर आ कर रुकता था, वह पलक झपका देते थे। इस पद्धति से उन्होंने *द डाइविंग बेल ऐंड द बटरफ़्लाई* नामक किताब लिखी। इस प्रकार मात्र बाईं पलक के झपकाने के आधार पर एक पूरी किताब का परिकल्पन, लेखन और संपादन हुआ!

अगली बार जब हमारा बहाने बनाने का मन करे, या हमारे बच्चे बहाने बनाने लगें तो शायद हमें बीथोवेन के बहरेपन, रूज़वेल्ट के पोलियो, स्पीलबर्ग के डिस्लेक्सिया और बॉबी के लकवे के बारे में सोचना और बात करना चाहिए। बच्चे भी ऐसे लोगों के जीवन से प्रेरणा लेते हैं जिनके बारे वे जानते हैं, जिन्होंने अनेक चुनौतियों पर विजय पाई हो - जो कि सिमी जैसा बहादुर और साहसी हो। इस प्रकार, बहाने बनाने के लिए कोई बहाना ही नहीं होगा।

मुझे मेरी सफलता के लिए जिसकी ज़रूरत थी, मेरे पास हर वह विपरीत परिस्थिति थी।

—लैरी एलसन

जब जागो तब सवेरा

कोई भी जीवन में पीछे जाकर नई शुरुआत नहीं कर सकता, लेकिन कोई भी आज शुरू करके एक नए अन्त का सृजन कर सकता है।

—मारिया रॉबिन्सन

2010 के नोबेल पुरस्कार विजेताओं पर एक टेलीविज़न कार्यक्रम देखते हुए मैंने देवांग से पूछा, “थियोडोर रूज़वेल्ट, थॉमस वुडरो विलसन, एल्फ्रेड श्वीज़र, डॉ. मार्टिन लूथर किंग जूनियर, मदर टेरेसा, डेसमन्ड टूटू, चौदहवें दलाई लामा, नेल्सन मन्डेला और बराक ओबामा में क्या बात समान है?” देवांग ने तुरन्त जवाब दिया, “क्योंकि आपने यह सवाल नोबेल पुरस्कार विजेताओं का कार्यक्रम देखते समय किया है, तो मेरे ख़याल से इसका जवाब होगा कि इन सभी ने नोबेल पुरस्कार जीता है।” मैंने जवाब दिया, “इसमें एक सुधार करो। इन सबने दुनिया के लिए बहुत बड़े योगदान दिए और उसके लिए नोबेल शान्ति पुरस्कार जीता। थियोडोर रूज़वेल्ट, थॉमस वुडरो विलसन, नेल्सन मन्डेला और बराक ओबामा ने अपने देशों का नेतृत्व किया। डॉ. मार्टिन लूथर किंग जूनियर, डेसमन्ड टूटू और नेल्सन मन्डेला ने अपने लोगों को मुक्ति दिलाई। एल्फ्रेड श्वीज़र ने अफ्रीका के लोगों की मदद करने के लिए अपना देश छोड़ दिया। चौदहवें दलाई लामा और मदर टेरेसा ने संवेदना और प्रेम के संदेश को फैलाने के लिए भौतिक सीमाओं को बाधा नहीं बनने दिया।” “क्या तुम्हें नोबेल पुरस्कार के आरम्भ की मज़ेदार कहानी के बारे में पता है?” वह तुरन्त बोला, “इसमें ऐसा क्या मज़ेदार हो सकता है?”

एल्फ्रेड नोबेल का जन्म स्वीडन में हुआ था। वह रसायन शास्त्र के महारथी थे और भाषाविद भी थे। उन्होंने जब एक गैस मीटर के लिए पहली बार पेटेन्ट के लिए आवेदन दिया था तब वे चौबीस वर्ष के थे। जल्दी ही वे

विस्फोटकों के साथ प्रयोग करने लगे और नाइट्रोग्लिसरीन का अध्ययन करने लगे। उन्होंने डेटोनेटर, 'नोबेल लाइटर' और ब्लास्टिंग कैप का आविष्कार किया। नोबेल की वह फ़ैक्टरी जहाँ वह नाइट्रोग्लिसरीन के साथ प्रयोग कर रहे थे, विस्फोट में ध्वस्त हो गई। इस विस्फोट में उनके छोटे भाई सहित पाँच लोगों की मृत्यु हो गई। लेकिन इस विस्फोट और अन्य कई दुर्घटनाओं से उनका स्थायी विस्फोटक विकसित करने का संकल्प कम होने की बजाय और अधिक दृढ़ हो गया। 1867 में उन्होंने नाइट्रिग्लिसरीन और डायाटोमेशियस अर्थ के मिश्रण से डायनामाइट का आविष्कार किया। इसकी सुरक्षा पर प्रकाश डालने की दृष्टि से उन्होंने पहले इसका नाम 'नोबेल सेफ़्टी पाउडर' रखने का विचार किया, लेकिन फिर प्राचीन ग्रीक शब्द *डायनामिस*, जिसका अर्थ होता है शक्ति, को ध्यान में रखते हुए उन्होंने इसका नाम डायनामाइट रख दिया।

डायनामाइट ने कई उद्योगों में क्रान्ति ला दी। खनन और निर्माण उद्योगों को तो बहुत ही ज़्यादा फ़ायदा हुआ। इसका उपयोग दुर्गम जगहों को डायनामाइट की मदद से उड़ा कर रास्ते और रेल लाइनों को बनाने के लिए किया गया। जल्दी ही डायनामाइट ने शस्त्रों तक अपनी राह बना ली और इसका उपयोग युद्ध के लिए विस्तृत रूप से किया जाने लगा। हालाँकि नोबेल को डायनामाइट की विध्वंसक शक्ति का एहसास था, लेकिन उन्हें यह विश्वास भी था कि डायनामाइट शाश्वत शान्ति भी ला सकता है। उन्होंने एक बार शान्ति की प्रवक्ता बर्था वॉन सूदर से कहा था, "मेरी फ़ैक्टरियाँ आपके अनुमान से भी जल्दी शान्ति ला सकती हैं। जिस दिन दो सेना बल आपस में एक दूसरे को एक पल में नेस्तनाबूद कर देंगे, उस दिन मुझे आशा है कि सभी सभ्य देश युद्ध से पीछे हट जाएँगे और अपनी सेनाओं को वापस भेज देंगे" (ओडेलबर्ग, 1972)।

नोबेल ने अपने प्रयोग जारी रखे और जेलिनाइट और बैलिस्टाइट का आविष्कार किया। एक समय था जब उनके नाम पर 355 पेटेंट थे।

1888 में उनके भाई लुडविग की मृत्यु हो गई और एक फ्रेंच अख़बार ने ग़लती से एल्फ्रेड नोबेल के नाम का शोक संदेश प्रिन्ट कर दिया। अख़बार ने लिखा, *'Le marchand de la mort est mort'* अर्थ था कि 'मौत के व्यापारी की मौत हो गई।' एल्फ्रेड का एक ऐसे व्यक्ति के रूप में वर्णन किया गया "जो पहले से कहीं अधिक लोगों को मारने के रास्ते ढूँढ़कर अमीर बन गया" (हिस्की, 2011)।

इस घटना का नोबेल पर बहुत गहरा असर पड़ा। वह सोचने लगे कि अपने बारे में लोगों की धारणा को कैसे बदला जाए। बहुत विचार करने के बाद उन्होंने अपनी आख़िरी वसीयत लिखी, जिसमें उन्होंने अपनी सारी दौलत का 94% पाँच पुरस्कारों को स्थापित करने के लिए लिख दिया। ये पुरस्कार थे : भौतिकी, रसायन शास्त्र, चिकित्सा, साहित्य और शान्ति। उन्होंने लिखा कि यह पुरस्कार उन लोगों को दिए जाने थे '...जिन्होंने पूर्ववर्ती साल में मानवता के हित के लिए सबसे बड़ा योगदान दिया हो' (www.nobelprize.org)। इस कार्य के लिए 2.69 मिलियन यू एस डॉलर्स आवंटित किए गए। उनकी मृत्यु के पाँच साल बाद, 1901 में पहले नोबेल पुरस्कार प्रदान किए गए।

सभी डॉक्टर्स उस ख़बर का बेसब्री से इन्तज़ार करते हैं जिसका सपना हर चिकित्सा विज्ञानी या डॉक्टर देखता है - मानव शरीर विज्ञान और चिकित्सा में नोबेल पुरस्कार। डॉ. जोसफ़ ई मर्रे और डॉ. ई डोनल ने मानव अंगों और कोशिकाओं के प्रत्यारोपण के क्षेत्र में अपने महान योगदान के लिए मानव शरीर विज्ञान और चिकित्सा में 1989 में नोबेल पुरस्कार जीता। उनके अनूठे कार्य ने प्रत्यारोपित अंगों के प्रति अस्वीकार करने की हमारी समझ को बदला और एण्टी रिजेक्शन मेडिसिन के लिए एक नई राह खोली, जिसके फलस्वरूप अधिकतर अंग प्रत्यारोपण के प्रकरणों में बचने की दर 90 प्रतिशत हो गई है। उनके कार्य का नतीजा मैं उन बच्चों के मुस्कराते चेहरों में देखता हूँ जिनका सफल लिवर ट्रान्सप्लांट हुआ है और जो एक सामान्य जीवन जी रहे हैं। यह नोबेल पुरस्कार प्राप्त करने वालों के कार्य का केवल एक प्रभाव है। ऐसे अनेक और उदाहरण हैं।

क्या होता अगर नोबेल ने वह शोक संदेश नहीं पढ़ा होता? अगर उस शोक संदेश को पढ़ने और उसके आविष्कारों और उसके प्रभावों के बारे में लोग क्या सोचते हैं, यह जानने के बाद भी उन्होंने अपने बारे में उस धारणा को बदलने के लिए कुछ नहीं किया होता तो क्या होता? लोग उन्हें डायनामाइट का आविष्कार करने वाले के रूप में जानते, जिसने हालाँकि अनेक उद्योगों में क्रान्ति ला दी और मानवता को बहुत लाभ दिलाया, लेकिन साथ ही अनेक मौतों का कारण भी बना। लेकिन आज उन्हें नोबेल पुरस्कार के लिए याद किया जाता है। वह युद्ध छोड़ कर शान्ति की ओर आ गए।

बच्चों को कम उम्र से ही इस धारणा या विरासत के बारे बताना बहुत ज़रूरी है। अब इस विरासत के बारे में एक बारह साल या किशोरवय के बच्चे को कैसे समझाया जाए जो यह सोचता है कि विरासत सिर्फ़ बूढ़े लोग ही अपने पीछे छोड़ जाते हैं? अक्सर माता पिता होने के नाते हम यही सुनिश्चित करने में इतना उलझ जाते हैं कि हमारे बच्चे अपने हाथ के काम को बेहतरीन रूप से कर पाएँ या फिर किसी भी वर्तमान परिस्थिति में कैसे आचरण करना चाहिए कि यह मुद्दा उपेक्षित ही रह जाता है। जब मैंने देवांग को एल्फ्रेड नोबेल की कहानी बताई और उनके द्वारा किए गए प्रयासों के बारे में बताया तो वह अपने जीवन के बारे में सोचने लगा और यह भी सोचने लगा कि वह दुनिया के लिए क्या योगदान देगा। इस प्रकार जब इस विषय को उसके सामने ऐसे रखा गया जो कि रुचिकर भी था और प्रेरणादायक भी, तो चर्चा उस कल्पना की दिशा में मुड़ गई कि वह ऐसा क्या करे कि दुनिया उसे याद रखे।

एक अच्छी विरासत छोड़ जाने की कामना का बीज मन में बोना एक ऐसा काम है जो खुद को ही पोषित रखने में सक्षम है। इसे अनेक उदाहरणों या घटनाओं के द्वारा सशक्त करने की आवश्यकता नहीं है, और बच्चे इस कामना पर जीवित रहते हैं। यह निरन्तर बेहतर करने, और अधिक सक्षम बनने और इस प्रकार दुनिया पर अपनी एक अमिट छाप छोड़ जाने की दिशा में उनके कार्यों और मानसिकता को ढालता है। यह उनके लिए एक ऐसे प्रधान लक्ष्य की तरह होता है जिसके लिए वे सदा प्रयत्नरत रहते हैं, और यह उन्हें एक मक़सद के होने का एहसास दिलाता है। साथ ही, क्योंकि यह कोई निश्चित लक्ष्य नहीं है – जैसा कि इम्तिहान में 90 प्रतिशत लाना – बच्चे के बदलते मनोभावों पसन्द और नापसन्द के अनुसार इसमें बदलाव और वृद्धि हो सकती है।

लेकिन दूसरी ओर, हमें यह भी सुनिश्चित करना ज़रूरी है कि विरासत का यह विचार हमारे बच्चों पर बोझ नहीं बन जाए, या फिर ऐसा दबाव जिसे वह बर्दाश्त नहीं कर पाएँ। माता पिता होने के नाते हमें उन्हें यह विश्वास दिलाना होगा कि विरासत बनाने में समय लगता है। अगर वे ग़लती भी करें, या फिर जिस क्षेत्र या गतिविधि में वे सर्वश्रेष्ठ बनना चाहते हैं, उसमें उन्हें कोई परिणाम मिलता नहीं दिखे तो उन्हें यह याद दिलाना चाहिए कि प्रभाव छोड़ने के लिए कभी भी देर नहीं होती। उनका कुछ महान करने का

जज्बा ही हमारी जीत है। हमारी हर सीख के पीछे यह भाव होना चाहिए कि नैतिक मूल्य ही मनुष्य को महान बनाते हैं।

अक्सर बड़े एक दूसरे से कहते हैं कि अब बहुत देर हो चुकी है। शायद वे ऐसा या वैसा कुछ कर पाते लेकिन अब समय और मौक़ा दोनों ही गुज़र चुके हैं। अगर हम खुद ही उन बातों पर यक़ीन नहीं कर रहे, जो हम उन्हें कह रहे हैं तो फिर वे क्यों करेंगे। बल्कि हमें यह करना चाहिए कि कि उन्हें इस बात का विश्वास दिलाएँ कि हर दिन, हर हफ़्ता, महीना और साल अपने साथ अनगिनत अवसर लेकर आते हैं, और इन अवसरों को थामने के लिए कभी भी यह नहीं सोचना चाहिए कि अब देर हो गई है।

एक दिन आपकी आँखों के सामने आपकी ज़िन्दगी की पूरी झलक होगी। यह आपके ऊपर है कि आप सुनिश्चित करें कि वह देखने लायक़ हो।

—जेरार्ड वे

साहस

जिस सम्भावना की कल्पना की जा सकती है, उसका सामना करने की क्षमता ही साहस है।

—लियो रोस्टेन

2005 में, देवांग के एक मित्र को जाँच के दौरान किशोरावस्था में होने वाली डायबिटीज़ से पीड़ित पाया गया। इस प्रकार के मधुमेह में मरीज़ इन्सुलिन पर ही निर्भर हो जाता है। चूँकि इन्सुलिन केवल इन्जेक्शन के रूप में ही उपलब्ध है, इस जाँच का यह अर्थ था कि उसे जीवन भर इन्सुलिन के इन्जेक्शन पर निर्भर रहना पड़ेगा। जब देवांग को यह पता चला कि उसके मित्र को न केवल रोज़ दिन में चार इन्जेक्शन लेने की ज़रूरत पड़ेगी, बल्कि जीवन भर के लिए खाने पीने में परहेज़, एक बँधी हुई जीवन शैली, हर समय इन्सुलिन को साथ लेकर चलने की आवश्यकता, नियमित रक्त की जाँच और अंतःस्रावी ग्रंथि विशेषज्ञों के अलावा अन्य विशेषज्ञों से भी परामर्श लेना होगा तो वह बहुत परेशान हो गया। एक बार जाँच हो जाए तो जीवन पूरी तरह बदल जाता है। देवांग को इस बात की बहुत चिन्ता थी कि उसका चौदह वर्षीय मित्र इस परिस्थिति का कैसे सामना करेगा। उसने पूछा, "उसके परिवार, उसकी बहन का क्या होगा? वे उन सभी अनेक बदलावों को कैसे करेंगे जो कि उन्हें अब करने चाहिए?' कुछ की हफ़्तों में देवांग यह अच्छी ख़बर ले कर आया कि उसका मित्र अच्छा महसूस कर रहा था, इन्जेक्शन उतने पीड़ादायक नहीं थे और परहेज़ भी इतने ज़्यादा मुश्किल नहीं थे कि उनका पालन नहीं किया जा सके। मैंने देवांग को यह समझाने के लिए इसे सही मौक़ा समझा कि क्यों मुस्कराते हुए चुनौतियों का सामना करना अदम्य साहस कहलाता है।

मैंने उसे बताया कि मैं रोज़ अपने मरीज़ों में ऐसे बच्चों को देखता हूँ जो अदम्य साहस का प्रदर्शन करते हैं। थैलेसीमिया के मरीज़, जिन्हें नियमित ब्लड ट्रान्स्फ़्यूशन के कारण अतिरिक्त लौह को शरीर से निष्कसित करने लिए पम्प पर रोज़ रखना पड़ता है, निश्चित रूप से साहसी हैं। हेपेटाइटिस बी और सी से पीड़ित बच्चे, जिन्हें बार बार रक्त परीक्षण और इन्जेक्शन से जूझना पड़ता है, बहादुर हैं। उसका अपना चचेरा भाई, जिसने कई सालों तक बढ़ने के लिए रोज़ हार्मोन का इन्जेक्शन लिया, एक शानदार उदाहरण है।

देवांग के लिए एक उदाहरण के ज़रिये समझना बहुत आसान था। मैंने उससे कहा, "तुम्हारे हीरो, मार्क ज़करबर्ग ने हार्वर्ड युनिवर्सिटी को छोड़कर साहस का परिचय दिया। हार्वर्ड एक ऐसी युनिवर्सिटी है जिसमें दाख़िला पाने के लिए हज़ारों लोग कुछ भी करने को तैयार हो जाएँगे। उन्हें विश्वास था कि वे एक ऐसी कंपनी बना सकते हैं जो लोगों के आपस में एक दूसरे से जुड़ने के तरीक़े में बदलाव ला सकती थी। फ़ेसबुक ने बिलकुल ऐसा ही किया। जेफ़ बेज़ोस ने एक गैराज में एमेज़ोन कंपनी खोलने के लिए अपनी बढ़िया लगी लगाई फ़ायनान्स की नौकरी छोड़ दी। बेज़ोस ने यह निर्णय इस आधार पर लिया जब वह अस्सी साल के होंगे और पीछे मुड़ कर ज़िन्दगी को देखेंगे तो क्या उन्हें अपने निर्णय पर अफ़सोस होगा। अपनी नौकरी छोड़ने में उन्होंने साहस का परिचय दिया।

मैंने देवांग को ऐसे लोगों के बारे में पता लगाने के लिए प्रोत्साहित किया जिन्होंने सफल होने के बावजूद अपने अगले लक्ष्य को पाने के लिए अपना सब कुछ दाँव पर लगा दिया। "पिताजी, जीवन में सफल होने के बाद अपना सब कुछ दाँव पर लगा देना यह तो नासमझी होगी न?" देवांग ने अपना दृष्टिकोण बताया। मैंने कहा, "यह मूर्खता प्रतीत हो सकती है, लेकिन इन सभी लोगों ने जिस भी चीज़ पर विश्वास किया, उसे हासिल करने के लिए उन्होंने अद्भुत साहस का प्रदर्शन किया।" मैंने अपने बेटे को अपने दो मेडिकल हीरो, डॉ. क्रिश्चियन बर्नार्ड और डॉ. थॉमस स्टाल्ज़ के बारे में बताने का निश्चय किया।

बर्नार्ड न केवल एक मेधावी सर्जन थे, बल्कि एक क़ाबिल शोधकर्ता भी थे। एक सर्जिकल ट्रेनी के रूप में उन्होंने कन्जीनिअल डुओडिनल अट्रेसिया नामक परिस्थिति पर शोध शुरू किया, जिसमें शिशुओं में उदर के पास स्थित आँतों का विकास नहीं होता। शिशु जन्म के बाद उल्टियाँ

करना शुरू कर देते हैं और इसका इलाज है सर्जरी। बर्नार्ड ने यह देखा कि सर्जरी के बाद शिशुओं में बचने की दर बहुत कम थी। उन्होंने अलग अलग प्रकरणों के विवरणों का परीक्षण किया कि इस बीमारी का क्या कारण था और क्यों सर्जरी एक सफल विकल्प नहीं था। उन्होंने यह खोज की कि छोटी आँत के उस भाग में रक्त की सही मात्रा में आपूर्ति नहीं होना ही इस बीमारी का कारण था। सर्जरी के असफल होने का कारण यह था कि वह इसका स्पष्ट इलाज़ नहीं कर पा रही थी। बर्नार्ड ने एक ऐसी पद्धति अपनाई जिसमें आँतों को विस्तृत रूप से निकाल देना आवश्यक बना दिया गया, और इससे परिणामों में बहुत सुधार हुआ।

बचपन में बर्नार्ड ने अपने भाई को पाँच साल की आयु में एक लाइलाज हृदय रोग से मरते हुए देखा था। इसलिए, अपने करियर की शुरुआत में ही लाइलाज हृदय रोगों का इलाज विकसित करना उसके लिए प्रेरणा स्रोत थे। उन्होंने बच्चों में हृदय रोगों के इलाज़ के लिए नई तकनीक विकसित कीं, जिसमें उन्होंने हृदय के वाल्व के रोगों के इलाज के लिए नए वाल्व बनाए। बर्नार्ड का यह विश्वास था कि वह हर काम जो दूसरे लोग कर सकते थे, वह भी कर सकते थे। उन्होंने हृदय की सर्जरी को और अधिक सफल और सुरक्षित बनाने के लिए नए तरीक़े ढूँढ़ने का प्रयास जारी रखा। उन्होंने हृदय प्रत्यारोपण के विषय में भी चिन्तन शुरू कर दिया, और इसकी तैयारी उन्होंने किडनी प्रत्यारोपण करने से की।

1967 में लुई वॉशकैन्स्की को डॉ. बर्नार्ड के पास इलाज के लिए भेजा गया। उन्हें एक लाइलाज हृदय रोग था और उनके कुछ ही समय तक जीवित रहने की आशंका थी। 2 दिसम्बर 1967 को बर्नार्ड के पास एक फ़ोन आया कि डेनिस डार्वल नाम की एक महिला की एक कार दुर्घटना में मृत्यु हो गई थी और उसके परिवार ने उसके हृदय का दान करने के लिए स्वीकृति दे दी थी। मौक़ा खुद उनके द्वार पर दस्तक दे रहा था, और उनके सामने कई सवाल खड़े हुए थे। क्या उन्हें एक ऐसी पद्धति को अपनाना चाहिए जिसे पहले कभी नहीं अपनाया गया? क्या वह इसके लिए तैयार थे? क्या उनकी टीम पूरी तरह से तैयार थी? दूसरे देशों के सर्जनों ने पशुओं पर कई शोध किए थे। क्या उन्हें किसी मनुष्य पर ट्रान्सप्लांट करने से पहले पशुओं पर और अधिक प्रयोग करना चाहिए? अन्त में उसने सारी फ़िक्र छोड़कर इस चुनौती को स्वीकर करने का निर्णय लिया।

वह डेनिस को ऑपरेशन थिएटर में ले गए, उसके हृदय को निकाला और उसे हार्ट लंग मशीन से जोड़ दिया। उन्होंने लुई का हृदय निकाला और उसकी जगह डेनिस का हृदय लगा दिया। तीस सदस्यों की इस टीम को इस ऑपरेशन को करने में नौ घण्टे लग गए। लुई ठीक हो गई और बर्नार्ड विख्यात हो गए। लेकिन उन्नीस दिन बाद लुई को निमोनिया हो गया और उसकी उससे मृत्यु हो गई।

चार हफ़्ते बाद एक और हृदय प्रत्यारोपण का अवसर सामने आया। बर्नार्ड जानते थे कि अगर यह मरीज़ भी मर गया तो हृदय प्रत्यारोपण पर हमेशा के लिए अविश्वास का धब्बा लग जाएगा। उनके पास एक ही विकल्प था। या तो पिछले अल्पकालिक सफल ऑपरेशन की कीर्ति का आनन्द लेने में मग्न रहें और तब तक इन्तज़ार करें जब तक प्रत्यारोपण के प्रति पूर्ण रूप से सही जानकारी में सुधार नहीं हो जाए, या फिर अपना सब कुछ दाँव पर लगा दें और इस दूसरा ऑपरेशन करने के लिए तैयार हो जाएँ। उन्होंने दूसरा विकल्प चुना।

दूसरा प्रत्यारोपण 2 जनवरी, 1968 को किया गया, और वह मरीज़, फ़िलिप ब्लैबर्ग अगले उन्नीस साल और पन्द्रह दिन तक जिया। बर्नार्ड के साहस ने हृदय प्रत्यारोपण को स्थापित करने के लिए रास्ता खोल दिया। उनके कार्य ने मस्तिष्क मृत्यु या ब्रेन डेथ की कसौटी को परिभाषित करने के लिए भी मंच तैयार कर दिया। इसके फलस्वरूप किसी भी अंग के कार्य करना बंद कर देने की स्थिति में अंग प्रत्यारोपण एक मानक उपचार बन गया। बर्नार्ड की सर्जरी को विश्व भर के सर्जनों ने अपनाया। बर्नार्ड के अनुसार, 'आप ग़लतियों से ही सीखते हैं, लेकिन सफलता आपको आगे बढ़ने और बेहतर करने का साहस देती है।' उन्होंने नित्य नए तरीक़े ढूँढ़ना जारी रखा और अनेक हृदय तथा लिवर प्रत्यारोपण किए।

बर्नार्ड चिकित्सा के क्षेत्र में न केवल एक अग्रणी थे, बल्कि वे रंगभेद के भी विरुद्ध थे। उन्होंने मिश्रित जाति की नर्सों को ऑपरेशन में अनुमति देकर और श्वेत महिला के हृदय को अश्वेत व्यक्ति के शरीर में प्रत्यारोपित करके रंगभेद के प्रति विरोध दर्शाया। हर साल 4,000 लोग हृदय प्रत्यारोपण करवाते हैं। वे सब क्रिश्चियन बर्नार्ड को धन्यवाद देते हैं। यदि कोई बर्नार्ड के जीवन के इतिहास को देखे तो उसे यह एहसास होगा कि उन्होंने अपने जीवन में बहुत कम उम्र से ही बड़े और साहसी निर्णय लेने शुरू कर दिए

थे, जो कि उन सभी अभिभावकों के लिए एक बहुत ही महत्त्वपूर्ण सबक़ है जो अपने बच्चों में आत्मविश्वास जगाने की कोशिश कर रहे हैं।

थॉमस स्टाज़्र्ल की माँ ने, जो एक नर्स थीं, उन्हें हमेशा एक डॉक्टर बनने के लिए प्रेरित किया। एक सर्जन का प्रशिक्षण प्राप्त करने के बाद स्टाज़्र्ल ने जानवरों में लिवर प्रत्यारोपण करके प्रयोग करने शुरू किए। मयामी और शिकागो में काम करने के बाद वह कोलोराडो में सर्जन के रूप में काम करने लगे, और साथ ही प्रत्यारोपण में अपने शोध का काम भी करते रहे। पाँच साल के शोध के बाद, उन्होंने एक तीन साल के बच्चे का लिवर प्रत्यारोपण करने का प्रयास किया जिसकी रक्त स्राव के कारण मृत्यु हो गई। दो महीने के बाद, उन्होंने एक वयस्क पर लिवर प्रत्यारोपण का प्रयास किया और वह मरीज़ तीन हफ़्ते के बाद मर गया।

असफल होने के बाद उन्होंने मनुष्यों में लिवर प्रत्यारोपण को छोड़ दिया और रक्त स्राव को नियंत्रित करने और प्रत्यारोपित अंग के अस्वीकार होने के जोखिम पर काम करने लगे। उन्होंने यह महसूस किया कि उन्हें पहले किडनी जैसे कम जटिल अंग के प्रत्यारोपण को साधना होगा। फिर यही उनका नया लक्ष्य बन गया। ग्रहणकर्ता के द्वारा किडनी को अस्वीकार करने की प्रक्रिया पर नियंत्रण करने के लिए स्टेरोयड और अन्य दवाई (अज़ाथियोप्राइन) का प्रयोग करके उन्हें और उनकी टीम को सफलता मिली। अब स्टाज़्र्ल एक और भी अधिक प्रभावशाली इम्यूनोसप्रेसिव (एक ऐसी दवा जो अस्वीकार करने की प्रक्रिया को नियंत्रित करती है) साइक्लोस्पोरिन पर काम करने लगे।

1967 में, उन्हें यह विश्वास हो गया कि वह मनुष्यों में लिवर प्रत्यारोपण करने के लिए दोबारा तैयार हो गए हैं। तब तक वह किडनी प्रत्यारोपण सर्जन के रूप में सुस्थापित हो चुके थे और प्रत्यारोपण में उनका शोध सब ओर मान्य हो चुका था। लेकिन इतने से भी सन्तुष्ट नहीं होकर उन्होंने लिवर प्रत्यारोपण के प्रयासों को आगे बढ़ाने का निर्णय लिया। उनके पास खोने के लिए बहुत कुछ था। उनके पहले के प्रयास एक से ज़्यादा बार असफल हो चुके थे, और उनकी प्रतिष्ठा दाँव पर थी। उस साल उन्होंने पहला सफल लिवर प्रत्यारोपण एक वयस्क पर किया। आने वाले तेरह सालों में उनकी टीम ने 200 लिवर प्रत्यारोपण और 1,000 किडनी प्रत्यारोपण किए। हर साल 20,000 से ज़्यादा लोग लिवर प्रत्यारोपण करवाते हैं, और इसका

श्रेय थॉमस स्टार्ज़्ल के काम को जाता है।

2008 में, जब अपोलो हॉस्पिटल भारत में सफल लिवर प्रत्यारोपण के दसवें साल का जश्न मना रहा था, तब हमने डॉ. स्टार्ज़्ल को मुख्य अतिथि के रूप में आने का निमंत्रण दिया। आख़िर इस अवसर पर उनसे बेहतर और कौन मुख्य अतिथि हो सकता था? डॉ. स्टार्ज़्ल ने बढ़ती हुई उम्र के चलते यात्रा करने में असमर्थता जताई। फिर भी हर काम को बढ़चढ़ कर करने वाले डॉ. स्टार्ज़्ल ने हमें उज्ज्वल भविष्य के लिए शुभकामना देते हुए एक वीडियो रिकॉर्ड किया और भेज दिया।

इन विशिष्ट डॉक्टर्स के अद्वितीय काम की बदौलत लाखों मरीज़ आज एक सामान्य जीवन जी पा रहे हैं। द जापानीज़ लिवर ट्रान्सप्लांटेशन सोसायटी रजिस्ट्री ने 2013 में लिवर प्रत्यारोपण के बीस साल बाद तक जीवित रहने के आँकड़े दर्ज किए (कासाहारा एट आल, 2013)। तीन दशक पहले तक इसकी कल्पना भी नहीं की जा सकती थी। लेकिन डॉ. क्रिश्चियन बर्नार्ड और डॉ. थॉमस स्टार्ज़्ल ने पद्धतियों का रूप बदल दिया और चिकित्सा की सीमाओं को नई परिभाषा दी। उन्होंने अपने व्यवसाय और प्रतिष्ठा को दाँव पर लगा कर एक अद्‌भुत साहस का प्रदर्शन किया क्योंकि उन्हें विश्वास था कि वे अंगों के कार्य बन्द कर देने वाले मरीज़ों के जीवन में बदलाव ला सकते थे।

जब मैंने यह सब देवांग को बताया तो मुझे यह देखकर खुशी हुई कि वह उन कहानियों में डूब गया था। मैं यह स्पष्ट देख रहा था कि इन कहानियों ने उसे मजबूर कर दिया था कि वह रुक कर साहस के महत्त्व को दोबारा समझे। उसके अगले प्रश्न ने यह बात सिद्ध कर दी, "यक़ीनन ये सब साहस की अद्वितीय कहानियाँ हैं। लेकिन अब मुझे यह बताइए कि बच्चे कैसे साहसी बन सकते हैं?" मैंने उसे बताया कि उस बात का समर्थन करना जिसके बारे में तुम्हें विश्वास हो कि वह सही है, अपने सहपाठी का ऐसे काम में साथ देना जो सही तो हो पर लोकप्रिय न हो, जब कोई हमारा फ़ायदा उठाए तो प्रश्न करना या आवाज़ उठाना, यह सब साहस के उदाहरण हैं। पढ़ाई और खेल में असफलता का सामना करना और पीठ दिखा कर नहीं भागना बल्कि अगली बार और बेहतर करना साहस है। मैंने अपने बेटे को बताया, "लम्बे समय तक साहस के छोटे छोटे कार्य आगे जाकर आपको साहसी होने और अपने लक्ष्य को पाने का वही आत्मविश्वास दे सकते हैं जैसा कि डॉ. क्रिश्चियन बर्नार्ड और डॉ. थॉमस स्टार्ज़्ल में था। ऐसा साहस

रातों रात नहीं आता। इसे बहुत अधिक प्रयास की आवश्यकता होती है।"

जब रिचर्ड ब्रैनसन चार साल के थे, तो उनकी माँ उन्हें घर के कुछ मील दूर पर उतार देती थीं। वह चाहती थीं कि वह घर तक अपना रास्ता ढूँढ़ना सीखे। जब वह बारह साल के भी नहीं हुए थे, उनकी माँ ने उन्हें बोर्नमाउथ तक साइकिल से भेजा, जो कि 80 किलोमीटर का फ़ासला है। जब वे उनके लिए सैंडविच रखती थीं तो वह उन्हें पानी नहीं देती थीं। वह चाहती थीं कि वह खुद पानी ले कर आएँ। वह उन्हें साहसी बनाना चाहती थीं। जो सबक़ उन्होंने कम उम्र में सिखाए, उनका परिणाम भी यक़ीनन बहुत प्रभावी मिला। जब तक वह सोलह साल के हुए, ब्रैनसन ने अपना पहला बिज़नेस शुरू कर दिया था। बाईस साल की उम्र में उन्होंने वर्जिन रिकॉर्ड्स बना लिए थे। जब यात्री वर्जिन एयरलाइन्स की बेहतरीन सेवाओं का आनन्द उठाते हैं, तो उन्हें इसके लिए रिचर्ड ब्रैनसन की माँ को धन्यवाद देना चाहिए कि उन्होंने ब्रैनसन में अन्य लोगों से हटकर सोचने का साहस और क्षमता को भरा।

जब हम अपने बच्चों को कोई ऐसा काम करने की इच्छा करते हुए देखते हैं, जो हमें लगता है कि करना बहुत कठिन होगा तो हम उन्हें रोकने की कोशिश करते हैं क्योंकि हम नहीं चाहते कि वे असफल हों या उन्हें कोई तकलीफ़ हो। लेकिन उन्हें रोकने की कोशिश करने से पहले हमें एक पल रुक कर सोचना चाहिए। हमें अपने अनुभवों को उनके सीखने के रास्ते में नहीं आने देना चाहिए। वे जो भी करना चाहते हैं, हमें उन्हें वह करने के लिए साहसी बनने देना चाहिए। यदि वे असफल हो जाते हैं तो वे उस असफलता से भी सीख लेंगे। अगर वे सफल हो जाते हैं, तो शायद वे दुनिया को एक बेहतर जगह बना पाएँगे।

मैंने यह सीखा कि साहस डर की अनुपस्थिति नहीं है, बल्कि डर के ऊपर हमारी जीत है। साहसी व्यक्ति वह नहीं है जो डरता नहीं, बल्कि वह है जो डर पर विजय प्राप्त कर लेता है।

—नेल्सन मन्डेला

दबाव से निपटना

मज़बूत बनो; दबाव में आकर काम मत करो दबाव पर काम करो।

—ब्रयान सीलियो

जब तक देवांग स्कूल में था (अब वह बाईस वर्ष का है), नन्दिनी और मैं उसके स्कूल के वार्षिकोत्सव का बेसब्री से इन्तज़ार करते थे। उनका समूह गान, नाटक और नृत्य देखने में बड़ा मज़ा आता था। उस शाम हमें अन्य अभिभावकों से मिलकर बातचीत करने का भी मौक़ा मिलता था। यक़ीनन, वहाँ पर पुरस्कार वितरण समारोह भी होता था। हर वार्षिकोत्सव में बच्चे के कार्य प्रदर्शन का विषय ज़रूर उठता था। पुरस्कार जीतने वाले बच्चों के माता पिता की रुचि सिर्फ़ इसमें नहीं होती थी कि उनके बच्चों को कितने पुरस्कार मिले, बल्कि इसमें भी होती थी कि उनके बच्चों को सबसे अधिक पुरस्कार मिले कि नहीं। अगर किसी और ने तीन पुरस्कार जीते तो उनके बच्चे का दो पुरस्कार जीतना काफ़ी नहीं था। जिन बच्चों को कोई पुरस्कार नहीं मिलता था, उनके माता पिता के चेहरों पर निराशा के भाव स्पष्ट नज़र आते थे। मुझे तो वहीं दिखने लगता था कि उस रात घर जाकर इन बच्चों को और अधिक मेहनत करने को कहा जाएगा। जिन बच्चों को सबसे ज़्यादा पुरस्कार नहीं मिले थे उन्हें यह याद दिलाया जाता था कि वे और बेहतर कर सकते थे। जिस बच्चे को सबसे ज़्यादा पुरस्कार मिले थे, उसे इस श्रेष्ठता को बनाए रखने के लिए कहा जाता था। माता पिता इस बात को स्वीकार करें या नहीं करें, पर वे अपने बच्चों पर कार्य प्रदर्शन करने के लिए बहुत अधिक दबाव डाल रहे थे।

मैं अपने क्लीनिक में पाँच साल के छोटे बच्चों को भी दबाव में होने की शिकायत करते देखता हूँ। कभी यह दबाव हमेशा एक अच्छे लड़के या

लड़की के रूप में आचरण करने के लिए होता है, कभी पढ़ाई में सर्वश्रेष्ठ बनने के लिए, और कभी संगीत और नृत्य की क्लास जाने के लिए। और फिर न केवल भाग लेना, बल्कि जीतने का भी दबाव होता है, अपने माता पिता की अपेक्षाओं पर हर समय खरा उतरने का दबाव, और कई बार अपने माता पिता के सपनों को जीने का दबाव।

इस प्रकार के दबाव से बच्चों में शारीरिक लक्षण दिखने लगते हैं। सिर दर्द, पेट में दर्द और सोने में परेशानी तो आम लक्षण हैं। पेट का दर्द बच्चों में आम लक्षण हैं। अपोलो हॉस्पिटल ग्रुप द्वारा दक्षिण दिल्ली के दो स्कूलों में किए गए अध्ययन के दौरान यह पाया गया कि साक्षात्कार किए गए 1,000 बच्चों में से 14 प्रतिशत को पेट की तकलीफ़ें थीं (वाधवा ऐंड सिब्बल, 2007)। इस प्रकार की विकृति में बच्चे एक प्रकार के अनिश्चित पेट दर्द की शिकायत करते हैं जो मध्य और आंत्रिक नाड़ी तंत्र के बीच अनियमितता के कारण होता है। दबाव के घटक कई बच्चों में इस स्थिति को जन्म देते हैं। माता पिता के बीच बहस और झगड़े, कोई गम्भीर बीमारी या परिवार में किसी की मृत्यु और स्कूल या घर का बदलना दबाव के बहुत आम घटक हैं। लेकिन अभी हाल ही में मैंने पाया कि प्रदर्शन करने का दबाव भी एक आम घटक बन गया है।

एक बार आप बच्चों को अच्छी तरह जान जाते हैं तो फिर वे अपने इस दबाव के बारे में खुलकर आपसे बात करते हैं। यह दबाव कभी स्पष्ट होता है तो कभी छिपा हुआ, लेकिन दबाव निःसन्देह होता ही है। न केवल माता पिता, बल्कि दादा दादी और स्कूल का भी इस दबाव में योगदान होता है। अगर बच्चा अन्तर स्कूल प्रतियोगिता में जीतता है तो उससे यह उम्मीद की जाती है कि वह हर बार ही जीते।

इसके अलावा, आजकल बच्चों को अपने समकक्ष बच्चों के दबाव या प्रत्यक्ष दबाव को भी झेलना पड़ता है। हाल ही में मैंने देखा कि चौदह साल के एक लड़के का वज़न चार महीने में 10 किलो कम हो गया। इसके अलावा उसमें किसी भी परेशानी के कोई अन्य लक्षण या संकेत नहीं थे। इस स्तर का वज़न घटना गम्भीर बीमारी का संकेत हो सकता है, और ज़ाहिर है कि उस लड़के को कई डॉक्टरों को दिखाया गया और अनेक परीक्षण और जाँचें की गईं। वह उल्टियाँ नहीं कर रहा था और/या खाना नहीं फेंक रहा था। कई बार पूछने के बाद भी कोई स्पष्ट जवाब नहीं मिल पाया सिवाय इसके कि

'मेरा अब कुछ भी खाने को मन नहीं करता।' मुझे उसके साथ परामर्श के दूसरे चरण में पता चला कि उस लड़के को पिछले सत्र में उसके सहपाठियों द्वारा मोटा होने पर चिढ़ाया जाता था। वे लोग उसे गोलू कहकर बुलाते थे। ऐसा नहीं है कि वह लड़का मोटा था, बस उसका वज़न थोड़ा सा ज़्यादा था। इसलिए उसके माता पिता ने सोचा कि इस छेड़ने का उस पर कोई असर नहीं पड़ेगा। लेकिन उसने उस छेड़छाड़ को दिल पर ले लिया। उसने न सिर्फ़ खाना कम कर दिया, बल्कि स्कूल में तो बिलकुल ही खाना छोड़ दिया। स्कूल में नाश्ता और दोपहर का खाना छोड़ दिया जाता था। वह उन्हें अपने मित्रों को दे देता था। उसने अपने लिए दुबला होने का लक्ष्य निर्धारित कर लिया। परामर्श के कुछ सत्रों के बाद उसने ठीक से खाना शुरू कर दिया।

अगर हम दबाव का वर्गीकरण करें तो हम में से कई लोग इस बात को मानेंगे कि एक डॉक्टर के लिए जान बचाने के दबाव को उच्च श्रेणी के दबाव के रूप में वर्गीकृत किया जाएगा। चिकित्सा व्यवसायियों में यह सर्वमान्य होगा कि न्यूरोसर्जन हर ऑपरेशन के समय जिस दबाव से गुज़रते हैं, वह सबसे ऊँचे दर्जे का दबाव माना जाएगा। यदि निश्चित स्थान से एक सेन्टीमीटर भी उधर के बजाय इधर हो जाए तो मरीज़ को पक्षाघात हो जाए।

एक बार मुझे एक न्यूरोसर्जन डॉ. बेन कार्सन से मिलने का मौक़ा मिला जो दबाव का सामना बहुत अच्छी तरह करते हैं। इन उच्च श्रेणी के बच्चों के न्यूरोसर्जन से एक बार पूछा गया कि वे दबाव का सामना कैसे करते हैं तो उन्होंने जवाब दिया, "आप योजना बनाने में चाहे कितने ही अच्छे हों, लेकिन दबाव कभी नहीं जाता। इसीलिए उससे युद्ध मत करिए। मैं तो अपने बेहतरीन प्रदर्शन के लिए दबाव को प्रेरणा में बदल देता हूँ।" माता पिता के रूप में हमारा उत्तरदायित्व है कि हम न केवल उस दबाव में बढ़ोत्तरी नहीं करें, बल्कि अपने बच्चों से दबाव का सामना करने के बारे में भी बात करें, क्योंकि हमारे दैनिक जीवन में थोड़ा दबाव तो रहेगा ही।

बेन से मेरी मुलाक़ात अपोलो हॉस्पिटल में हुई थी जब हम जन्म से ही जुड़े हुए जुड़वाँ बच्चों को अलग करने के लिए एक जटिल सर्जरी करने की योजना बना रहे थे और बेन को अपोलो हॉस्पिटल में आमंत्रित किया गया था। इन जन्म से जुड़े हुए जुड़वाँ बच्चों के सिर आपस में जुड़े हुए थे

और अन्य शारीरिक अंग भी जटिलता से साझा ही थे। हमारी टीम को लगा कि हमें बेन से, जो कि विश्व के सबसे बड़े शिशु सर्जन हैं और जन्मजात जुड़े हुए जुड़वाँ बच्चों को अलग करने में जिनका रिकॉर्ड बहुत ही प्रभावकारी है, विशेषज्ञ सलाह लेनी चाहिए। मैंने उन्हें लिखा और एक दो बार बात भी की, और फिर वह दिल्ली आने को तैयार हो गए और अपने साथ अपनी सुन्दर पत्नी लसेना रस्टिन को भी ले आए। उन्होंने कुछ दिन उन जुड़वाँ बच्चों का मूल्यांकन करने में बिताए और उन्हें लगा कि उन दोनों को अलग करना सम्भव है।

हालाँकि ऑपरेशन तो नहीं हुआ क्योंकि उन बच्चों के परिवार ने सर्जरी के विरोध में निर्णय लिया, लेकिन इस परामर्श ने हमें बेन के जीवन के बारे में जानने के कई मौक़े दिए।

बेन की माँ सोन्या को परिवार की आवश्यकताओं को पूरा करने के लिए दो तीन काम करने पड़ते थे, क्योंकि उन्हें बेन और उसके भाई के लिए अकेले ही सब ज़िम्मेदारी निभानी थी। उन्होंने बताया कि कैसे वे शुरू में स्कूल में एक अच्छे छात्र नहीं थे और कैसे उनकी माँ सोन्या उन्हें ज़बर्दस्ती पढ़ाती थीं।

जहाँ एक ओर पढ़ाई का बेन पर बहुत गहरा प्रभाव पड़ा और उनके अंकों में सुधार हुआ, उन्हें उनके अनियंत्रित क्रोध से सदा ही मुसीबत का सामना करना पड़ता था। यह परेशानी तब शुरू हुई जब वे एक कमज़ोर छात्र थे और उनके सहपाठी उनके ख़राब प्रदर्शन के लिए उनका मज़ाक उड़ाते थे। उनका शैक्षणिक प्रदर्शन सुधर जाने के बाद भी उनका क्रोध कम नहीं हुआ। एक बार उनका उनकी माँ के साथ कपड़ों की पसन्द पर विवाद हो गया और उन्होंने माँ पर हथौड़े से वार कर दिया। एक बार एक मित्र के साथ रेडियो स्टेशन के चुनाव पर उनकी बहस हो गई और उन्होंने गुस्से में आकर उसको चाकू मार दिया। सौभाग्य से चाकू बेल्ट के बकल पर लग कर टूट गया और इस प्रकार एक घातक चोट लगने से बच गई। बेन ने इस घटना का वर्णन जैरोड स्टैकलरॉथ के साथ साक्षात्कार में किया (स्टैकलरॉथ, 2008)।

उस चाकू वाली घटना के बाद बेन को एहसास हुआ कि उसका क्रोध एक बीमारी जैसा था। उन्होंने खुद को बाथरूम में तीन घण्टों के लिए बन्द कर लिया और *बाइबल* में से कहावतों की किताब पढ़ते हुए ईश्वर से प्रार्थना

करते रहे कि उनकी प्रवृत्ति को बदल दें। एक अनुच्छेद पढ़ते हुए उन्हें बहुत शान्ति मिली जिसमें लिखा था, "एक योद्धा होने से बेहतर है एक धैर्यवान मनुष्य बनना, एक शहर पर नियन्त्रण करने वाले व्यक्ति से वह व्यक्ति बेहतर है जो अपने क्रोध पर नियन्त्रण करता है।"

बेन ने याद किया कि कैसे कॉलेज में पढ़ने और न्यूरोसर्जन बनने के लिए उन्हें नौकरी करनी पड़ी और छात्रवृत्ति लेनी पड़ी। उन्होंने हेमीस्फ़ेरोक्टोमी नामक एक नई पद्धति ईजाद की जिसमें मस्तिष्क का आधा भाग पूरी तरह निकाल दिया जाता है। ऐसा ऑपरेशन किसी भी सर्जन पर जितना दबाव बना सकता है, उसके बराबर कोई और काम ढूँढ़ना बहुत ही मुश्किल होगा। इस तकनीक ने ऐसे अनेक बच्चों की मदद की जिन्हें अक्सर गम्भीर दौरे पड़ते थे। कई सालों में बेन ने इस ऑपरेशन को सर्जरी के नवीन तकनीकों से और भी अधिक सुरक्षित बना दिया है।

1987 में बेन ने बाइन्डर जुड़वाँ बच्चों, जिनके सिर पीछे की ओर से आपस में मिले हुए थे, को अलग करके चिकित्सा के क्षेत्र में इतिहास रच दिया। ऐसे जुड़वाँ बच्चों को अलग करना हमेशा जोखिम भरा होता है, और दोनों नहीं तो जुड़वाँ में से एक की तो निश्चित ही मृत्यु हो जाने की सम्भावना बनी रहती है। बाईस घण्टे तक चलने वाला यह ऑपरेशन सफल रहा।

1997 में, बेन ने दक्षिण अफ़्रीका के बाइन्डर जुड़वाँ लड़कों को अलग करने का निश्चय किया। चूँकि दोनों जुड़वाँ लड़कों के बीच में सिर के पीछे की प्रमुख रक्त वाहिनियाँ साझा थीं, यह ऑपरेशन बहुत जोखिम भरा था। इस ऑपरेशन के लिए विशिष्ट योजना बनाने की आवश्यकता थी। इस ऑपरेशन के लिए त्रुटि रहित योजना बनाने के लिए एक 3डी वर्चुअल कम्प्यूटराइज्ड मॉडल बनाया गया, और बेन ने सर्जरी की हर प्रक्रिया का कई बार अभ्यास किया। योजना, टीम वर्क और दबाव का कुशल प्रबन्धन रंग लाया और पचास डॉक्टरों की टीम अट्ठाईस घण्टे के ऑपरेशन के बाद उन बच्चों को अलग करने में सफल हो गई।

लेकिन ऑपरेशन हमेशा सफल नहीं होते।

जन्म से जुड़े ईरानी जुड़वाँ लदान और लालेह मर गए। लदान और लालेह से पहले जन्म से जुड़े वयस्क जुड़वाँ को अलग करने का प्रयास कभी

नहीं किया गया था। बेन जानते थे कि ऐसे ऑपरेशन के परिणामस्वरूप किसी एक या दोनों की मृत्यु हो सकती थी अथवा एक या दोनों स्थायी रूप से अपंग हो सकते थे। ऐसे मामलों में जोखिम बहुत ज़्यादा होता है क्योंकि एक बच्चे के मस्तिष्क की तुलना में एक वयस्क मस्तिष्क में ख़ुद को दोबारा व्यवस्थित करने की वह क्षमता नहीं होती। विश्वभर के मीडिया की नज़र में रहकर दबाव का सामना करने के लिए ख़ुद पर और अपनी टीम पर असाधारण आस्था की आवश्यकता थी।

2002 में बेन को बहुत बड़े दबाव का सामना करना पड़ा... यह एक अलग ही तरह का दबाव था। जाँच के दौरान उन्हें प्रोस्टेट कैंसर से पीड़ित पाया गया और ऐसा लगता था कि कैंसर फैल चुका था। बेन हिल गए, लेकिन उन्होंने इस रोग को बड़ी शालीनता के साथ स्वीकार किया। इसने जीवन के प्रति उनके नज़रिए को बदल दिया।

> इसने मुझे सच्चा दृष्टिकोण दिया... मुझे याद है, एम आर आई के अगले दिन मैं अपनी ज़मीन पर घूम रहा था और ऐसी कितनी सारी चीज़ों की तरफ़ मेरा ध्यान गया जिनकी तरफ़ मैंने पहले कभी ध्यान दिया ही नहीं था... पेड़ों के पत्तों की ख़ूबसूरती, घास के तिनके, और पक्षियों का वह मधुर संगीत जो मैंने पहले कभी सुना ही नहीं था... मेरे ख़याल से मैं अब इस बात को अच्छी तरह समझ सकता हूँ कि जब लोगों का मृत्यु से आमना सामना होता है, या फिर सचमुच बहुत ख़राब परिस्थितियों से सामना होता है, तब उन्हें कैसा महसूस होता होगा। तो इसलिए मुझे लगता है कि यह अच्छा ही हुआ। (लॉटन, 2008)

कैंसर का पता लगने पर सकारात्मक होने की ज़रा कल्पना कीजिए।

जीवन के बारे में और विशेष रूप से सर्जरी के बारे में उनके शान्त नज़रिए के बारे में पढ़कर मैंने बेन से पूछा कि क्या सचमुच उन्हें क्रोध नहीं आता था। अगर ऑपरेशन थिएटर में चीज़ें वैसी न हों जैसा वह चाहते हैं या फिर जब सब कुछ वैसा न हो जैसा होना चाहिए तो क्या उन्हें क्रोध नहीं आएगा? क्या निरन्तर दबाव का उन पर कोई असर नहीं होता? उन्होंने बताया कि आख़िरी बार उन्हें तब क्रोध आया था जब उन्होंने अपने मित्र को चाकू लगभग मार ही दिया था। उनकी पत्नी ने उनकी बात का समर्थन किया।

बेन कार्सन ने न केवल न्यूरोसर्जरी के विज्ञान और कला की क्षेत्र में महारत हासिल की है, बल्कि उन्होंने उससे भी कहीं अधिक मुश्किल काम में जीत दर्ज की है, और वह है क्रोध को नियन्त्रण में रखना और दबाव का सामना करना।

दबाव में ये बात महत्त्वपूर्ण है कि व्यक्ति का उसके प्रति क्या रुख़ है और वह उससे कैसे निपटता है। मुझे साधु ज्ञानमुनिदास जी, जो कि अक्षरधाम मन्दिर में वरिष्ठ स्वामीजी हैं, की बात बहुत अच्छी लगी जब वे 2013 में दिल्ली के अपोलो हॉस्पिटल में प्रवचन दे रहे थे। एक कार्यवाहक राष्ट्रपति अक्षरधाम मन्दिर में आए थे और वह जानना चाहते थे कि राष्ट्र को बेहतर रूप से चलाने के गहन दबाव से कैसे निपटा जाए। साधु ज्ञानमुनिदासजी ने जवाब दिया, "जब आप पानी से भरा घड़ा अपने सिर पर उठा कर चलते हैं तो आप बहुत दबाव महसूस करते हैं क्योंकि आपको विश्वास होता है कि आप उस भार को उठा रहे हैं। उसके ठीक विपरीत, जब आप गोता लगाते हैं तो अपने सिर के ऊपर कई गैलन पानी का दबाव महसूस नहीं करते। ऐसा इसलिए होता है क्योंकि आप यह नहीं मानते कि आप उस भार को उठा रहे हैं। इसलिए, राष्ट्रपति महोदय, यह सोचना बन्द कर दीजिए कि आप भार ढो रहे हैं, दबाव अपने आप चला जाएगा।"

माता पिता के रूप में हम बच्चों पर दबाव के विषय में क्या कर सकते हैं? सबसे पहले, हमें केवल प्रदर्शन पर ही ध्यान केन्द्रित करके उनके दबाव को और अधिक नहीं बढ़ाना चाहिए। दूसरे, हमें अपने बच्चों की तुलना दूसरे बच्चों से करने के प्रलोभन से बचना चाहिए। उनके ऊपर वैसे ही बहुत प्रत्यक्ष दबाव या अपने समकक्ष बच्चों का दबाव है। तीसरे, हमें अपने बच्चों से पूछना चाहिए कि क्या उन्हें लगता है कि वे दबाव में हैं। अगर वे कहते हैं कि वे दबाव में हैं तो हमें उनसे पूछना चाहिए कि वे जिस दबाव का सामना कर रहे हैं, उसे कम करने में हम उनकी क्या मदद कर सकते हैं, और हमें उस दबाव से निपटने में उनकी मदद करनी चाहिए। हम दबाव का सामना कैसे करते हैं, इसका असर अन्ततः इस बात पर पड़ेगा कि वे उस दबाव का सामना कैसे करेंगे जिनसे उन्हें कभी न कभी आमने सामने होना ही पड़ेगा।

यदि हम साधु ज्ञानमुनिदास के शब्दों को हमेशा याद रखें और डॉ. कार्सन की तरह दबाव को दूर रखना सीख जाएँ तो हम खुद भी दबाव

का बेहतर सामना कर पाएँगे और अपने बच्चों को भी उदाहरण के साथ सिखा पाएँगे।

दबाव की स्थिति में शालीनता बनाए रखना ही साहस है।

—अर्नेस्ट हेमिंग्वे

ग़लतियाँ करना, कमियों को स्वीकारना

आप अपने जीवन में जो सबसे बड़ी ग़लती कर सकते हैं, वह यह है कि आप निरन्तर इस बात से डरें कि आप कोई ग़लती करेंगे।

—एल्बर्ट हब्बर्ड

जब हम अपने बच्चों को साइकिल चलाना सिखाते हैं तो हम जानते हैं कि वे गिरेंगे। गिरेंगे तभी सीखेंगे। जहाँ हम कुछ मामलों में उदार बन जाते हैं और उन्हें ग़लतियाँ करने की अनुमति दे देते हैं, या फिर उन्हें ग़लतियाँ करने के लिए प्रोत्साहित भी करते हैं, वहीं अधिकतर मामलों में हम आवश्यकता से अधिक रक्षात्मक या निर्णयात्मक हो जाते हैं। हम इस बात की चिन्ता करते हैं कि बच्चे स्कूल और कॉलेज में अपने विषय चुनने में ग़लती करेंगे, अपना प्रोफ़ेशन चुनने में ग़लती करेंगे और सबसे महत्त्वपूर्ण चिन्ता यह होती है कि वे अपना जीवन साथी चुनने में ग़लती करेंगे। जब बच्चे अपने माता पिता को अपनी ग़लतियों के बारे में बताते हैं, तो अक्सर उन्हें डाँट पड़ती है। जैसे जैसे बच्चे बड़े होते जाते हैं, वे अपनी ग़लतियों के बारे में बताना बन्द कर देते हैं क्योंकि उनके पिछले अनुभव ने उन्हें यही सिखाया है कि कुछ भी बताना नहीं है, बल्कि अपने ही अन्दर दबा कर रखना है। इसीलिए ये बहुत महत्त्वपूर्ण है कि अपने बच्चों के साथ बहुत छोटी उम्र से ही एक ऐसा रिश्ता क़ायम करें जो उन्हें न केवल ग़लतियाँ करने की स्वतन्त्रता दे, बल्कि कब और कहाँ उनसे ग़लती हुई, इसके बारे में बात करने का विश्वास भी जगाए। इस विषय में महात्मा गाँधी के शब्दों को अपनाना उचित होगा, "ऐसी स्वतंत्रता किसी काम की नहीं जिसमें ग़लतियाँ करने की स्वतंत्रता शामिल नहीं हो।"

जब देवांग के स्पोर्टिंग हीरो टाइगर वुड्स का नाम सुर्खियों में आया, जीतने के लिए नहीं, बल्कि उसके अभद्र व्यवहार के लिए तो मैंने देखा कि देवांग बहुत निराश हो गया था। मैंने उससे कहा, "हम सभी ग़लतियाँ करते हैं। टाइगर वुड्स भी ग़लती कर सकता है। तभी तो हम सब इन्सान हैं। सबसे ज़्यादा ज़रूरी है हर ग़लती से सीख लेना ताकि वह ग़लती दोबारा कभी नहीं हो।"

इतिहास ऐसे उदाहरणों से भरा पड़ा है कि कैसे ग़लतियों ने घटनाओं का क्रम ही बदल दिया। उनके सकारात्मक परिणामों की रोशनी में उन्हें दोबारा बताना बच्चों में यह विश्वास भर सकता है कि ग़लतियों को हमेशा सिर्फ़ नकारात्मकता के साथ ही नहीं जोड़ना चाहिए।

इसका सबसे अच्छा उदाहरण हैं सम्राट अशोक। कलिंग पर विजय के बाद जब उन्होंने दर्द से कराहते सैनिकों, उनकी बिलखती हुई पत्नियों और अनाथ बच्चों को देखा तो उनका मन विरक्ति से भर गया। उनका हृदय परिवर्तन हो गया और उन्होंने धम्म (धर्म के मार्ग) को अपनाने और दूसरों को भी सिखाने का निर्णय लिया। उन्होंने अपने साम्राज्य में अहिंसा का संदेश फैलाया और अपने साम्राज्य के बाहर बौद्ध धर्म के प्रचार में अहम भूमिका निभाई। अशोक के शासन का अन्त हुए 2,000 से अधिक वर्ष बीत गए, लेकिन आज भी अशोक को एक आदर्श राजा के रूप में याद किया जाता है।

ऐसे ही एक अन्य उदाहरण हैं – महात्मा गाँधी। जब वह पन्द्रह साल के थे तब उन्होंने एक चोरी की। उन्होंने अपनी माँ के बाजूबन्द में से थोड़ा सा सोना चुराया। लेकिन उनसे वह ग्लानि बर्दाश्त नहीं हुई और उन्होंने अपने पिता के सामने अपने अपराध को स्वीकार करने का निश्चय किया। जहाँ एक ओर वह अपने पिता की भावनाओं को ठेस नहीं पहुँचाना चाहते थे, वहीं दूसरी ओर वह जानते थे कि अपराध को स्वीकार करना अनिवार्य है।

उन्होंने अपनी आत्मकथा '*द स्टोरी ऑफ़ माय एक्सपेरीमेन्ट्स विथ ट्रुथ*' में लिखा है,

> मैंने सब कुछ एक काग़ज़ पर लिखा और खुद उन्हें थमा दिया। इस काग़ज़ पर मैंने न केवल अपना अपराध स्वीकार किया था, बल्कि यह भी कहा था कि वह मुझे इसके लिए पर्याप्त दण्ड दें, और अन्त में मैंने यह भी लिखा था कि वह मेरे अपराध के लिए स्वयं को दण्ड

नहीं दें... उन्होंने उसे पूरा पढ़ा, और उनके गालों पर आँसू मोती बन कर बहने लगे, और काग़ज़ गीला हो गया। उन्होंने कुछ पल के लिए अपनी आँखें बन्द करके विचार किया और फिर काग़ज़ को फाड़ दिया... मैंने सोचा था कि वह नाराज़ होंगे, मुझे बुरा भला कहेंगे... लेकिन वह बहुत ही आश्चर्यजनक रूप से शान्त थे। (गाँधी, 1927)

बिना बाधाओं के हम कुछ नहीं सीख सकते। केवल साधारण स्त्री और पुरुष ग़लतियाँ नहीं करते। जिनके भाग्य में महान बनना लिखा होता है, वही ग़लतियाँ करते हैं।

थॉमस एल्वा एडिसन को 1,093 आविष्कारों का श्रेय प्राप्त है। जब उन्होंने लाइट बल्ब का आविष्कार किया तो एक पत्रकार ने उनसे पूछा, "श्रीमान एडिसन, 999 बार असफल होना कैसा लगता है?" एडिसन ने जवाब दिया, "मैं 999 बार असफल नहीं हुआ हूँ। मैंने तो बस लाइट बल्ब नहीं बनाने के 999 तरीक़े ढूँढ़े हैं" (चिन्स्की, 2012)। वह जितनी बार असफल हुए, उन्होंने अपनी उस ग़लती से सीख ली। हर ग़लती के साथ उनका निश्चय और दृढ़ होता गया और आख़िरकार उन्होंने लाइट बल्ब का आविष्कार कर लिया, साथ ही यह भी सिद्ध किया कि जीवन में ग़लतियाँ कुछ नहीं होती हैं, केवल सीख होती है।

आई बी एम के संस्थापक थॉमस वाट्सन ने एक बार कहा था, "सफल होने का एक तरीक़ा यह भी है कि अपनी ग़लतियों की दर को दोगुना कर दो।" 1940 के दशक में आई बी एम के एक कर्मचारी की ग़लती से कंपनी को एक मिलियन डॉलर का नुकसान उठाना पड़ा। इस भय से कि अब उन्हें नौकरी से निकाल दिया जाएगा, उस कर्मचारी ने अपना त्याग पत्र वाट्सन को थमा दिया, केवल यह सुनने के लिए कि, "तुम्हें नौकरी से निकाल दूँ? मैंने अभी अभी तो तुम्हारी शिक्षा में एक मिलियन डॉलर निवेश किए हैं, और तुम सोचते हो कि तुम्हें नौकरी से निकाल दूँगा?"

जब बच्चों को अपनी ग़लतियों के लिए परिवार, मित्र और शिक्षकों से आलोचना सुनने को मिलती है, और उनका मज़ाक भी उड़ाया जाता है, तब उन्हें आश्वासन की ज़रूरत होती है – ऐसा आश्वासन जो केवल माता पिता ही दे सकते हैं। जब उनके बारे में राय क़ायम कर ली जाती है, जो कि अक्सर होता है तो जिस पुल पर वे चलना चाहते हैं वह जल कर राख

हो जाता है। ऐसा नहीं है कि माता पिता को बच्चों के साथ उनकी ग़लतियों के बारे में चर्चा नहीं करनी चाहिए। उन्हें चर्चा ज़रूर करनी चाहिए, लेकिन एक मुक्त मन से, बिना कोई राय क़ायम किए और बीते समय की अपेक्षा भविष्य पर अधिक ध्यान देते हुए। बीते हुए समय की ग़लतियों की आलोचना करने की बजाय इस बात की चर्चा करने पर अधिक समय व्यतीत करना चाहिए कि बीती हुई ग़लतियों को दोबारा नहीं होने से कैसे रोका जाए। जॉन मैक्सवेल ने बहुत खूबसूरत बात कही है, "व्यक्ति को इतना महान होना चाहिए कि अपनी ग़लतियों को स्वीकार कर सके, इतना समझदार होना चाहिए कि उनसे फ़ायदा उठा सके, और इतना मज़बूत होना चाहिए कि उन ग़लतियों को सुधार सके।" अगर हमारे बच्चे हमें हमारी ग़लतियों को सुधारते हुए देखेंगे तो उनमें भी अपनी ग़लतियों को हमारे सामने स्वीकार करने का आत्मविश्वास विकसित होगा, इस उम्मीद में कि हम उन्हें उनकी भूल सुधारने में मदद करेंगे।

हम चाहते हैं कि हमारे बच्चों में कोई कमी नहीं हो। हमारा मानना है कि कमियाँ उनके भविष्य को बिगाड़ देंगी। उनकी कमियों को सुधारने के चक्कर में हम रिश्तों को भारी नुक़सान पहुँचा देते हैं। हमारे बच्चों के लिए ये जानना ज़रूरी है कि उनकी कमियों के बावजूद हमें उनकी क़ाबिलियत पर भरोसा है। इस बात को उनसे कहने का एक तरीक़ा यह है कि हम उन लोगों के बारे में बात करें जिन्होंने कमियाँ होने के बावजूद सफलता प्राप्त की क्योंकि उन्होंने अपने दूसरे गुणों को उभारने का निश्चय किया।

विन्स्टन चर्चिल को दूसरे विश्व युद्ध में ब्रिटेन की जीत का श्रेय जाता है। जहाँ एक ओर उन्हें बुद्धिमान और प्रतिभावान नेता माना जाता था, वहीं आलोचकों के विचार से वह ज़िद्दी और बददिमाग़ थे। चर्चिल ने भी अपने करियर में अनेक ग़लतियाँ कीं। उन्होंने दो बार पार्टियाँ बदलीं। उन्हीं की वजह से प्रथम विश्व युद्ध के दौरान तुर्किस्तान और नॉर्वे में सेना भेजी गई, जिसकी वजह से अनेक लोगों की जान और अनमोल सम्पदा का नुक़सान हुआ। जहाँ एक ओर उन्होंने निर्णय लेने में ग़लती की, वहीं उनमें उन ग़लतियों को पहचानने और अपना रास्ता बदलने की सूझबूझ भी थी। कठिन परिस्थितियों में अपने देश का मनोबल बढ़ाने में उन्होंने अद्वितीय नेतृत्व का प्रदर्शन किया। ब्रिटिश लोगों को विश्वास था कि उनके नेतृत्व में वे युद्ध जीत जाएँगे। उन्होंने लोगों में आशा जगाई और अन्ततः जीत भी

दिलाई। उनकी कमियाँ और ग़लतियाँ उन्हें ब्रिटेन के श्रेष्ठ नेताओं में से एक बनने से नहीं रोक पाईं।

लोक कथाओं में भी ऐसे कई उदाहरण हैं। मैं ख़ास तौर से माता पिता को दो मटकों की कहानी सुनाना पसन्द करता हूँ।

एक बार एक पानी ढोने वाला व्यक्ति था, जो बहुत दूर से एक नदी से अपने मालिक के लिए पानी भर के लाता था। उसके पास दो मटके थे, जो एक लम्बे बाँस के दोनो सिरों पर टँगे रहते थे। एक मटका तो बिलकुल ठीक था, लेकिन दूसरे में एक छेद था। अच्छा वाला मटका अपनी पूर्ण क्षमता अनुसार पानी प्रदान कर सकता था, जबकि छेद वाला मटका केवल अपनी आधी क्षमता तक ही दे पाता था। वह छेद वाला मटका बहुत उदास हो गया और पानी ढोने वाले व्यक्ति से बोला, "मुझे क्षमा कर दो। मैं तो एक बोझ बन गया हूँ। तुम जितना पानी मुझमें भरते हो, उसका आधा तो छेद के कारण बह कर नष्ट हो जाता है। तुम कितनी मेहनत करते हो, फिर भी मेरी कमी के कारण तुम पूरे दो मटके भर के पानी अपने मालिक के लिए नहीं ले जा सकते। तुम्हें मुझे छोड़ देना चाहिए और एक दूसरा अच्छा वाला मटका ले आना चाहिए।" पानी ढोने वाला व्यक्ति मुस्कराया और बोला, "जब हम कल वापस घर जाएँगे, तो रास्ते को ध्यान से देखना।" अगले दिन छेद वाले मटके ने रास्ते में बहुत से सुन्दर फूल देखे। जब वे दोनों घर पहुँचे तो छेद वाला मटका बोला, "मैंने उन सुन्दर फूलों का आनन्द तो उठाया, लेकिन मैंने खुद को बहुत ही अपूर्ण महसूस किया।" पानी ढोने वाले व्यक्ति ने जवाब दिया, "ये फूल तुम्हारी तरफ़ खिले हुए हैं। मैं जानता था कि घर जाते समय तुम में से पानी बहेगा। इसलिए तुम्हारी तरफ़ के रास्ते में मैंने फूलों के बीज बो दिए थे। तुम्हारे कारण मैं अपने मालिक के लिए सुन्दर फूल ले जा पाया हूँ। तुम्हारी कमी ने मेरे मालिक के घर को सुन्दरता प्रदान की है।"

उन दो मटकों की तरह, हमारे बच्चे भी शायद बराबर रूप से सफल नहीं हो पाएँ। एक सी परवरिश और शिक्षा के बावजूद, कोई एक बच्चा कम सफल हो पाए। लेकिन फिर भी, हर बच्चा अपने अनोखे तरीक़े से परिवार को अपना योगदान देता है। माता पिता होने के नाते, हमें अपने बच्चों से समान रूप से प्यार करना चाहिए और उनकी कमियों को स्वीकार करना चाहिए। बल्कि उस पानी ढोने वाले व्यक्ति की तरह, हमें उनकी अपूर्णता में भी सुन्दरता ढूँढ़नी चाहिए। कुछ बच्चे बातूनी और उत्साही होते हैं तो

कुछ शान्त। कुछ शिक्षा के क्षेत्र में आगे निकल जाते हैं तो कुछ खेलकूद में। कुछ अकेले रहना पसन्द करते हैं तो कुछ चाहते हैं कि उनका हाथ थामा जाए। यह हमारे लिए नहीं है कि हम निर्णय करें कि कौन बेहतर है, कौन अद्वितीय है और कौन आदर्श। माता पिता होने के नाते हमारी भूमिका है कि निःस्वार्थ भाव से उन्हें प्यार और स्नेह दें।

माता पिता के रूप में हम कभी कभी समझ ही नहीं पाते कि जहाँ एक ओर हम अपने बच्चों की कमियों के बारे में शिकायत करते हैं, वहीं हम खुद भी तो पूरी तरह त्रुटिहीन नहीं हैं। महात्मा गाँधी ने एक बार कहा था, "मैं केवल लोगों के अच्छे गुणों को देखता हूँ। चूँकि मैं खुद त्रुटिहीन नहीं हूँ, मैं दूसरों की ग़लतियों को ढूँढ़ने का साहस नहीं करूँगा।" हमें यह स्वीकार करना चाहिए हम त्रुटिहीन नहीं हैं, और न ही हमारे बच्चे।

> *मनुष्य सदा ही त्रुटिपूर्ण रहेगा, और त्रुटिहीन बनना सदा ही उसके प्रयासों का हिस्सा रहेगा।*
>
> —एम के गाँधी

सपने देखो

भविष्य उन्हीं का है जो अपने सपनों की खूबसूरती में विश्वास रखते हैं।

—एलीनोर रूज़वेल्ट

जब नन्दिनी और मुझे दिल्ली में युनाइटेड स्टेट्स सर्विसेज़ क्लब में एक ऐतिहासिक घटना को देखने के लिए आमन्त्रित किया गया तो हम उत्साह से भर उठे। बराक ओबामा को युनाइटेड स्टेट्स के चवालीसवें राष्ट्रपति के रूप में शपथ ग्रहण करनी थी। नन्दिनी ने जोश भरे अन्दाज़ में कहा, "ये न सिर्फ़ करोड़ों अमेरिकियों का, बल्कि विश्व भर में करोड़ों लोगों का सपना सच हुआ है।" जिस पल ओबामा ने उस *बाइबल* पर हाथ रख कर शपथ ग्रहण की, जिस पर अब्राहिम लिंकन और डॉ. मार्टिन लूथर किंग जूनियर ने हाथ रखकर शपथ ली थी, उस पल एक नया इतिहास रचा गया। अगले दिन देवांग ने हमसे उद्‌घाटन के बारे में पूछा। मैंने उसे बताया कि अब्राहम लिंकन और डॉ. मार्टिन लूथर किंग जूनियर ने भी इसका सपना देखा था। "पिताजी, इस उद्‌घाटन का अब्राहम लिंकन और डॉ. मार्टिन लूथर किंग जूनियर से क्या लेना देना?" मैंने यही उचित मौक़ा समझा अपने बेटे को बताने के लिए कि कैसे उन्होंने इस सपने की नींव रखी थी।

सपनों की ताक़त के बारे में बात करने का शायद इससे बेहतर मौक़ा नहीं हो सकता था - एक सपना जो अब्राहम लिंकन, डॉ. मार्टिन लूथर किंग जूनियर और बराक ओबामा को आपस में जोड़ता था - एक इतना शक्तिशाली सपना कि उसने करोड़ों लोगों का जीवन ही बदल दिया।

अब्राहम लिंकन का जन्म धूल भरे फ़र्श वाले लकड़ी के केबिन में हुआ था। जब वह सीमा क्षेत्र में बड़े हो रहे थे, तो उन्हें बारह महीने से भी कम

स्कूली शिक्षा प्राप्त हुई। लेकिन उनका दृढ़ संकल्प था कि वह विधायक बनेंगे। अपने पहले असफल प्रयास के तीन साल बाद वह विधायक बने और चार सत्रों तक पद संभाला। फिर उन्होंने सीनेटर बनने के लक्ष्य पर अपनी दृष्टि जमाई। इस बार उनका पहला और दूसरा प्रयास असफल रहा। लेकिन अपने जोशीले अभियान और लोकप्रिय भाषण के कारण वह एक राष्ट्रीय हस्ती बन गए। उस भाषण में उन्होंने कहा था, "अपने अन्दर ही बँटा हुआ घर कभी भी बना नहीं रह सकता। मेरा यह मानना है कि यह सरकार, जो आधी गुलाम और आधी स्वतन्त्र है, स्थाई रूप से नहीं टिक पाएगी। मैं यह उम्मीद नहीं करता कि ये यूनियन खण्डित हो जाए, मैं नहीं कहता कि सरकार गिर जाए, लेकिन मैं यह उम्मीद तो ज़रूर करता हूँ कि यह कम से कम बँटेगी नहीं" (लिंकन, 1858)।

लिंकन ने हार नहीं मानी। उनका एक सपना था, और उन्हें कोई नहीं रोक सकता था। 1861 में वह युनाइटेड स्टेट्स के सोलहवें राष्ट्रपति के रूप में चुने गए। उनके सामने अनेक चुनौतियाँ थीं, लेकिन उन्होंने बढ़िया नेतृत्व का प्रदर्शन किया और यूनियन को बनाए रखा। जनवरी 1863 में उन्होंने मुक्तिदान घोषणापत्र जारी किया, जिससे 40 लाख गुलामों में से 30 लाख गुलाम आज़ाद हो गए और इसने सभी गुलामों की आज़ादी के लिए रास्ते खोल दिए।

जुलाई 1865 तक, लिंकन की हत्या के कुछ ही महीनों बाद, क़रीब क़रीब सभी 40 लाख गुलाम आज़ाद हो चुके थे। 6 दिसम्बर, 1865 को तेरहवाँ संशोधन अपना लिया गया और घोषित कर दिया गया, "युनाइटेड स्टेट्स या उसके न्यायक्षेत्र में कहीं भी गुलामी या अनैच्छिक दासत्व नहीं होगा जब तक कि उस पार्टी को विधिवत दोषी न सिद्ध किया जाए" (तेरहवाँ संशोधन, 1865)।

लिंकन के जन्म के 110 साल बाद डॉ. मार्टिन लूथर किंग जूनियर पादरियों के परिवार में पैदा हुए। किंग ने बोस्टन यूनिवर्सिटी से डॉक्टरेट पूरी की और मोन्ट्गोमेरी, अलबामा में पादरी बन गए। जब रोज़ा पार्क्स को एक गोरे व्यक्ति को सीट नहीं देने के लिए गिरफ़्तार कर लिया गया तो किंग ने नगारिक अधिकार आन्दोलन का आक्रमक नेतृत्व किया। उन्होंने अफ़्रीकी अमेरिकियों द्वारा विरोधों का आयोजन करना शुरू किया और शान्तिपूर्ण विरोधों का निडरता से नेतृत्व किया, जबकि गोरी जनता ने इस समानता के

अधिकार का विरोध किया और हिंसा का सहारा लिया। महात्मा गाँधी द्वारा ब्रिटिश साम्राज्य के विरुद्ध चलाए गए अहिंसावादी आन्दोलन से अत्यधिक प्रभावित किंग ने बहुत अधिक उकसाने के बावजूद अहिंसा के सिद्धान्तों को नहीं छोड़ा। उनके घर पर बम फेंका गया, चार बार उन पर हमला हुआ, बीस से अधिक बार उन्हें गिरफ़्तार किया गया और अनेक अवसरों पर उन्हें जातिजन्य अपमान सहना पड़ा, लेकिन वह अडिग डटे रहे। किंग के नेतृत्व के कारण अमेरिकी राजनीति में नागरिक अधिकारों को प्रमुखता मिली।

1963 में किंग अपने नेतृत्व में 250,000 से भी अधिक समर्थकों को लेकर वाशिंगटन डीसी गए। अपने शक्तिशाली भाषण के माध्यम से किंग ने वह कर दिखाया जिसे कई लोग नागरिक अधिकार आन्दोलन को परिभाषित करने वाला क़दम मानते हैं जब महालिया जैकसन ने चीख़ कर कहा, "मुझे अपने सपने के बारे में बताओ, मार्टिन!" तो उन्होंने लिखे हुए भाषण को छोड़ दिया और बोले, "मेरा एक सपना है कि एक दिन मेरे चार छोटे छोटे बच्चे एक ऐसे देश में रहेंगे जहाँ कोई उन्हें उनकी त्वचा के रंग से नहीं जानेगा, बल्कि उनके चरित्र से जानेगा। आज यही मेरा सपना है" (किंग, 1964)। नागरिक अधिकार आन्दोलन के नेता के रूप में किंग ने 60 लाख मील से अधिक की यात्रा की, 2,500 से अधिक भाषण दिए और पाँच किताबें लिखीं।

अगर अब्राहम लिंकन और मार्टिन लूथर किंग जूनियर का कोई सपना नहीं होता तो क्या होता? दुनिया ऐसे शानदार नेता न देख पाती, और यू एस में ग़ुलामी तब ख़त्म नहीं होती जब हुई थी। दुनिया को जिस रूप में हम आज जानते हैं, वह उससे कहीं अलग ही होती।

अब्राहम लिंकन ने जब राष्ट्रपति की शपथ ग्रहण की, उसके सौ साल बाद बराक ओबामा का हवाई में जन्म हुआ। हार्वर्ड लॉ स्कूल से उत्तम ग्रेड से स्नातक की डिग्री प्राप्त करने के बाद उन्होंने सिविल राइट्स वकील के रूप में कार्य करना शुरू किया। उन्होंने कुछ समय तक इलिनॉय स्टेट सीनेटर के रूप में सेवा प्रदान की, और नवम्बर 2004 में वह यू एस सीनेटर बन गए। 4 नवम्बर 2008 में बराक ओबामा ने राष्ट्रपति चुनाव को जीत कर इतिहास रचा। डॉ. किंग के एक सह कार्यकर्ता श्री जोसेफ़ लोवरी ने उद्घाटन समारोह के दौरान एक साक्षात्कार में कहा, "ओबामा मार्टिन लूथर किंग के सिद्धान्तों के निरूपक हैं" (सिलिवन, 2013)। बेवर्ली रॉबर्ट्सन, मेम्फ़िस

के नैशनल सिविल राइट्स म्यूज़ियम के अध्यक्ष ने कहा, "डॉ. किंग अपने सपने के बारे में बात करते थे, लेकिन बराक उस सपने के साक्षात होने का प्रतिनिधित्व करते हैं।"

लिंकन मेमोरियल के सामने ओबामा ने 2013 में डॉ. मार्टिन लूथर किंग जूनियर दिवस को दूसरी बार शपथ ग्रहण की। उस दिन मुक्तिदान घोषणापत्र के 150 साल पूरे हुए थे और डॉ. किंग के वाशिंगटन में विजय को 50 साल। सबसे ज़्यादा प्रतीकात्मक बात जो थी वह यह थी कि उन्होंने अपना हाथ दो *बाइबलों* पर रखा – एक जो अब्राहिम लिंकन की थी और दूसरी डॉ. मार्टिन लूथर किंग की थी। ये दोनों ही उनके आदर्श थे (एसोसिएटेड प्रेस, 2013)।

"लिंकन, किंग और ओबामा में वह सपना देखने का साहस था जिसके लिए अधिकतर लोगों को विश्वास था कि वह कभी सच नहीं होगा। लेकिन वह सपना सच हुआ। कोई भी सपना बहुत बड़ा नहीं होता। बस, इतना याद रखने का प्रयास करना," मैंने देवांग को बताया जब हमारी चर्चा समाप्त हुई।

बहुत से वयस्कों की आदत के विपरीत बच्चों को सपने देखना अच्छा लगता है। जब बड़े देखते हैं कि उनके सपने पूरे नहीं हुए तो उनका उत्साह ख़त्म हो जाता है लेकिन बच्चे अलग होते हैं। मैंने अक्सर माता पिता, शिक्षक और रिश्तेदारों को ये कहकर बच्चों के सपनों को कुचलते हुए देखा है कि उनके विचार ठीक नहीं है, या उन्हें चेतावनी देते हुए देखा है कि वे सावधान और व्यावहारिक रहें। जब मैं ऐसी घटनाएँ देखता हूँ तो मैं उन्हें मॉन्टी रॉबर्ट्स की कहानी सुनाना पसन्द करता हूँ।

मॉन्टी रॉबर्ट्स का बचपन एक फ़ार्म से दूसरे फ़ार्म में जाते हुए बीता क्योंकि उसके पिता घोड़ों के प्रशिक्षक थे। सीनियर स्कूल में उसे एक पेपर लिखने को कहा गया जिसमें उसे यह बताना था कि वह जीवन में क्या करना चाहेगा। उसने अपने सपने के बारे में लिखा कि वह एक घोड़ों की रैन्च का मालिक बनना चाहेगा और साथ ही उसने 200 एकड़ के रैन्च पर एक 4,000 वर्ग फ़ीट का घर भी बना दिया। जब उसे पेपर के ग्रेड मिले तो उसे 'एफ़' ग्रेड देख कर बड़ा धक्का लगा। शिक्षक ने मॉन्टी से क्लास के बाद मिलने के लिए कहा। शिक्षक ने उसे समझाया कि उसके परिवार की माली हालत देखते हुए उसके लक्ष्य में वास्तविकता नहीं थी, और उन्होंने उससे

पेपर दोबारा देने को कहा। रॉबर्ट ने शिक्षक से कहा, "आप अपना 'एफ़' अपने पास रखिए, मैं अपना सपना अपने पास रखूँगा।"

कई साल बाद, वही शिक्षक बच्चों को एक घोड़ों की रैन्च पर एक हफ़्ते के लिए ले गया। यह रैन्च रॉबर्ट का था, और उसने अपने स्कूल पेपर को फ़्रेम करके दीवार पर टाँगा हुआ था। जब शिक्षक रैन्च से जाने लगा, तब वह रॉबर्ट के पास गया और बोला कि वह सपने चुराने वाला बन गया था। उसे खुशी थी कि रॉबर्ट ने अपना सपना देखना नहीं छोड़ा (मिलर, 2011)।

दिल्ली में अपनी आत्मकथा *'प्ले इट माई वे'* के लॉन्च पर सचिन तेन्दुलकर ने सपनों के महत्त्व के बारे में बात की। उन्होंने कहा, "सपने वाक़ई बहुत महत्त्वपूर्ण होते हैं। कई बार हम बहुत मेहनत करते हैं और वहाँ आकर रुक जाते हैं जहाँ हमें अपने सपनों को सच करने के लिए प्रयासों का आख़िरी ज़ोर लगाना होता है... जब मैंने भारत को 1983 में विश्व कप जीतते हुए देखा, तब मेरे अन्दर भी विश्व कप जीतने के सपने ने जन्म लिया। उस सपने को सच होता हुआ देखने के लिए मुझे अट्ठाइस साल लग गए। हर बच्चे का एक सपना होना चाहिए।"

अक्सर जब मैं माता पिता से अपने क्लीनिक में बात करता हूँ तो वे ऐसी टिप्पणियाँ देते हैं, जैसे :

> 'मेरी बच्ची तो बस सपने ही देखती रहती है। वह यह समझती ही नहीं कि सफल होने के लिए योजना बनानी पड़ती है और मेहनत से पढ़ना होता है। सपने तुम्हें ज़्यादा दूर नहीं ले जा सकते।'
>
> 'सपने, सपने, सपने, मेरे बेटे से मुझे बस यही मिल सकता है।'
>
> 'मेरी बेटी जीवन की कठोर सच्चाइयों को नहीं समझ सकती। जीवन में सपने ही सब कुछ नहीं हैं।'

भारत में माता पिता बहुत कम उम्र से ही बच्चों से सफलता के बारे में चर्चा करने लगते हैं। यह तो हम सभी मानेंगे कि सिर्फ़ सपनों से सफलता सुनिश्चित नहीं की जा सकती। लेकिन फिर भी, सबको एक सपने की ज़रूरत होती है : एक सपना जो प्रेरित कर सके, उत्साहित कर सके, सफलता की परिकल्पना कर सके, उपलब्धि की खुशी को अनुभव करने के लिए सपना और जीने के लिए एक सपना।

हमें अपने बच्चों से उनके सपनों के बारे में बात करनी चाहिए। हमें उन्हें ऐसी इमारतें दिखाने के लिए ले जाना चाहिए, जो किसी के सपने के सच होने की गवाह हों। आइफ़िल टावर, एम्पायर स्टेट बिल्डिंग, सिडनी ओपेरा हाउस, ताजमहल इत्यादि आज इसलिए खड़े हैं क्योंकि किसी ने उनके बारे में सपना देखा था। हर आविष्कार का जन्म एक सपने से ही हुआ था – लाइट बल्ब, डीवीडी, कम्प्यूटर, सेल फ़ोन – सूची अन्तहीन है। हमें अपने बच्चों को बताना चाहिए कि जिन आविष्कारों के बिना वे जी नहीं सकते, किसी के सपनों का नतीजा हैं। हर संग्रहालय में सपनों के साकार होने के उदाहरण भरे पड़े हैं। जब बच्चे यह देखते हैं कि सपनों से क्या प्राप्त किया जा सकता है तो उन्हें अपने सपनों पर भी विश्वास होने लगता है। हम जानते हैं कि विश्वास में शक्ति है। तो अगली बार जब हमारे बच्चे अपने सपनों के बारे में बात करें तो हमें उन्हें बात करने देना चाहिए। बल्कि हमें उन्हें प्रोत्साहित करना चाहिए। क्या पता, उनके सपने दुनिया बदल दें।

हर महान सपना एक सपना देखने वाले से शुरू होता है। हमेशा याद रखें, आपके अपने अन्दर ही शक्ति है, धैर्य है, और वह जुनून है जो आपको दुनिया बदलने के लिए सितारों तक ले जा सकता है।

—हैरियट टबमैन

अपनी रुचि के अनुसार व्यवसाय चुनो

आपका काम आपके जीवन के एक बड़े हिस्से को भरेगा, और पूर्ण रूप से संतुष्ट होने का एक ही तरीक़ा है आप वही करें, जो आपके अनुसार एक बढ़िया काम है। बढ़िया काम करने का एक ही तरीक़ा है कि आप जो भी काम करें, उससे प्यार करें। अगर आपको अभी तक ऐसा काम नहीं मिला है तो ढूँढ़ते रहिए। रुकिए मत। जैसा कि दिल के सभी मामलों के साथ होता है, जब ऐसा काम आपको मिलेगा, तब आपको पता चल जाएगा।

—स्टीव जॉब्स

बच्चों को अक्सर उनके व्यवसाय को चुनने में सलाह दी जाती है। भारत में माध्यमिक शिक्षा के स्तर से ही माता पिता यह सलाह देने लगते हैं। अक्सर, किसी भी परामर्श के अन्त में छठी या सातवीं कक्षा के बच्चे के माता पिता यह कहते सुने जाएँगे कि डॉक्टर, कृपया हमारे बेटे से कहिए कि उसे अब यह निश्चय कर लेना चाहिए कि वह बड़ा होकर क्या बनेगा। वैसे ही बहुत देर हो चुकी है। उसकी कक्षा के कितने सारे बच्चों ने अपने व्यवसाय चुन लिए हैं। आपने तो हमारे बच्चे की उम्र में अपना व्यवसाय चुन भी लिया होगा। इस तरह विपरीत विचारों के माता पिता की बातों में फँसकर मैं अक्सर जवाब देता हूँ, "आजकल करियर के इतने सारे विकल्प हैं, और यह चुनाव करने में समय लगता है कि आपको क्या करने में आनन्द आता है। मुझे यक़ीन है कि वह जल्दी ही निर्णय ले लेगा।"

नवीं कक्षा में अक्सर बच्चों को स्कूल में एक थका देने वाला दिन बिताने के बाद कोचिंग के लिए भेज दिया जाता है ताकि वह किसी नामी

इंजीनियरिंग कॉलेज, मेडिकल कॉलेज या लॉ स्कूल में प्रवेश ले सके। ये किशोर चार साल तक मेरिट लिस्ट में आने के लिए मेहनत करते हैं। लेकिन बहुत कम बच्चे सफल हो पाते हैं। हज़ारों निराश होते हैं। कई बच्चे अपने स्कोर को और अच्छा बनाने के लिए एक और साल मेहनत करने का निर्णय लेते हैं। मुझे तो शक है कि बहुतों को अपना नाम मेरिट लिस्ट में नहीं पाकर बड़ा चैन पड़ता होगा क्योंकि वे शायद इंजीनियरिंग, मेडिकल या लॉ करना ही नहीं चाहते थे। उन्होंने इतने साल कोचिंग इसलिए झेली क्योंकि वे अपने माता पिता से यह नहीं कह पाए कि वे अपने दिल की सुनना चाहते हैं और कोई और व्यवसाय चुनना चाहते हैं। कई बच्चों में इतना साहस ही नहीं था कि वे अपने माता पिता को बता पाते कि उन्होंने अभी तक अपने लिए कोई व्यवसाय चुना ही नहीं है। उन्होंने सबसे आसान रास्ता चुना। आख़िर, यह किसने कह दिया कि आपको चौदह, सोलह या अट्ठारह साल की उम्र में निर्णय लेना होता है?

उनका क्या जिन्हें प्रमुख व्यावसायिक कॉलेजों में प्रवेश मिल गया? क्या जो कोर्स वे कर रहे थे, उसमें उन्हें सचमुच दिलचस्पी थी? मेरे कुछ ऐसे मित्र हैं जो बहुत ही बुद्धिमान थे और जो एक प्रमुख मेडिकल कॉलेज और एक अच्छे इंजीनियरिंग कॉलेज, दोनों की ही मेरिट लिस्ट में आ गए। उन्होंने मेडिसिन को चुना क्योंकि इसे भारत में एक बहुत ही शालीन व्यवसाय माना जाता है, या फिर उनके माता पिता में से कोई एक या दोनों ही डॉक्टर थे। दो दशक बाद जब मैं उनसे मिलता हूँ और नई तकनीक के बारे में बात करते समय जब मैं उनकी आँखों में वह चमक देखता हूँ तो मैं इंजीनियरिंग कॉलेज की जगह मेडिकल कॉलेज में जाने के उनके अफ़सोस को महसूस कर सकता हूँ। वे बहुत ही सफल डॉक्टर्स हैं, लेकिन अगर वे इंजीनियर बन जाते तो क्या होता? शायद वे किसी ऐसे आविष्कार को अन्जाम देते जिसका प्रभाव बहुत बड़ा होता। लेकिन ऐसा नहीं हुआ, सिर्फ़ इसलिए कि उन्होंने वह व्यवसाय चुना ही नहीं, जो उनके लिए था। कई बार अपने दिल की सुनना बहुत मुश्किल हो जाता है और अनेक चुनौतियों के चलते उसमें अड़चनें आ जाती हैं, जैसे : परिवार का दबाव, वित्तीय परिस्थितियाँ, असफलता का डर, अपनी सहूलियतों को छोड़ने का संकोच और उम्र का तकाज़ा। कई लोग तो अपनी उम्र के चलते बदलाव के बारे में सोच ही नहीं सकते।

लेकिन एल्बर्ट श्वीज़र ऐसे नहीं थे। वे अलग थे। उनका जन्म फ्रांस

में पादरियों, शिक्षकों और संगीतकारों के परिवार में हुआ था। एल्बर्ट ने पाँच साल की उम्र से ही संगीत में रुचि दिखानी शुरू कर दी। उन्होंने पियानो बजाना सीखा लेकिन ऑर्गन उन्हें ज़्यादा आकर्षित करता था। जब वे सिर्फ़ आठ साल के थे, तब उन्होंने चर्च का ऑर्गन बजाना शुरू कर दिया। अट्ठारह साल की उम्र में उन्होंने ईश्वरीय ज्ञान, दर्शन और संगीत सीखने के लिए युनिवर्सिटी में प्रवेश लिया। कॉलेज में वे सर्वोत्तम रहे और उन्होंने ईश्वरीय ज्ञान में डॉक्टरेट की। वह पादरी बन गए और उन्होंने दो किताबें लिखीं - *मिस्टरी ऑफ़ द किंगडम ऑफ़ गॉड* और *जे एस बैख़ ले म्युज़िसियन-पोएटे*, जो जोहान सेबास्टिअन बैख़ के जीवन का अध्ययन है - जिससे वह बहुत लोकप्रिय हो गए। उन्हें वक्ता और ऑर्गन बजाने वाले के रूप में अनेक निमन्त्रण मिलने लगे।

तीस साल की उम्र में उन्होंने यह कहकर अपने परिवार और मित्रों को आश्चर्यचकित कर दिया कि वह एक मेडिकल स्कूल में प्रवेश लेने वाले हैं। उन्होंने फ्रेंच इक्विटोरियल अफ्रीका के लोगों की सेवा में अपना जीवन समर्पित करने का निश्चय किया। "मैं एक डॉक्टर बनना चाहता हूँ ताकि मैं बिना बोले भी काम कर सकूँ। मैंने वर्षों तक शब्दों के माध्यम से काम किया है," उन्होंने कहा (केर, 1994)। अड़तीस साल की उम्र में, सात साल तक डॉक्टर बनने के लिए मेडिकल प्रशिक्षण लेने के बाद वह अपनी पत्नी हेलेन, जो एक नर्स थी, के साथ अफ्रीका के लिए रवाना हो गए। भूमध्य रेखा से कुछ मील दूर लम्बरेन (अब गबोन) के जंगल में उन्होंने अपना एक छोटा सा स्वास्थ्य केन्द्र खोला। इस प्रांगण को बड़ी ही सादगी से बनाया था और उद्देश्य था, "साधारण लोगों का आसान तरीक़ों से उपचार की आवश्यकता पूरी करना।" वहाँ की जलवायु प्रतिकूल थी, संसाधन सीमित थे और ज़रूरतें बहुत अधिक। बीमारियों का फैलाव बहुत ज़्यादा था। कुछ ही महीनों में उन्होंने 2,000 मरीज़ देख लिए थे।

प्रथम विश्व युद्ध के दौरान, श्वीज़र और हेलेन को बन्दी बना लिया गया। जेल से छूटने के बाद, एल्बर्ट ने यूरोप में ऑर्गन की प्रस्तुतियाँ देकर अस्पताल के लिए पूँजी जमा की। स्वयंसेवी, नर्सें और अन्य डॉक्टर्स अपनी सेवाएँ देने के लिए उनके साथ जुड़ गए। जैसे जैसे उनके अस्पताल में दी जाने वाली उत्कृष्ट सेवा के बारे में प्रशंसा फैलने लगी, मरीज़ कई घण्टों की यात्रा करके इलाज के लिए आने लगे। उनके द्वारा दिया जाने वाला उपचार

देश में सर्वोत्तम उपचार माना जाता था।

श्वीज़र ने जिन लोगों की सेवा की, उनके जीवन को बहुत प्रभावित भी किया। बहुत से लोगों के लिए वही एकमात्र आशा की किरण थे। उनके काम ने दुनिया भर के लोगों का ध्यान आकर्षित किया और कई लोगों को उनका अनुसरण करने के लिए प्रेरित किया। आने वाले सालों में एल्बर्ट श्वीज़र अस्पताल का बहुत विस्तार हुआ और उसके सत्तर भवन, 350 बिस्तर और एक कुष्ठ रोग गाँव स्थापित हो गए। यह अस्पताल हर साल क़रीब 30,000 मरीज़ों का इलाज करता था।

श्वीज़र को अनेक डिग्रियों, उद्धरणों, स्टाम्पों और मेडलों (द ब्रिटिश ऑर्डर ऑफ़ मेरिट) और नोबेल शान्ति पुरस्कार से सम्मानित किया गया। लेकिन लोकप्रियता से प्रभावित नहीं होने वाले श्वीज़र को स्वयं प्रत्यक्ष होकर नोबेल शान्ति पुरस्कार स्वीकार करने में दो साल लग गए।

नब्बे साल की उम्र में भी दूसरों की सेवा करने का उनका संकल्प उतना ही दृढ़ था जितना कि तीस की उम्र में था। उन्होंने एक बार कहा था, "तुम्हें अपने साथियों को अपने समय में से थोड़ा समय ज़रूर देना चाहिए। चाहे वह कोई बहुत छोटी सी ही चीज़ क्यों न हो, कोई ऐसी चीज़ जिसके लिए तुम्हें कोई पगार नहीं मिले, लेकिन उसे करने का गौरव प्राप्त हो" (मार्शल ऐंड पोलिग, 1971)।

श्वीज़र एक संगीतकार, लेखक और प्रवक्ता थे। वह एक ईश्वरीय ज्ञान के ज्ञाता, दार्शनिक और विचारक थे। वह एक निर्माता, वास्तुशास्त्री और प्रशासक थे। वह एक दवा बनाने वाले, मनोवैज्ञानिक और इन सबसे ऊपर, एक अच्छे डॉक्टर थे। उनमें अपने व्यवसाय को पा लेने का विश्वास था और अनेक चुनौतियों के विरुद्ध उसके प्रति अपने जीवन को समर्पित करना का साहस भी था, जिसमें तीस की उम्र में मेडिकल कॉलेज जाना शामिल है, जो करने के लिए बहुत से लोग खुद को रोक लेते हैं।

अगर तीस एक निराश करने वाली उम्र है तो कल्पना कीजिए क़रीब सत्तर की उम्र में एक जमे जमाए व्यवसाय को छोड़ देना कैसा होगा। उनहत्तर साल की उम्र में, भक्तिवेदान्त स्वामी प्रभुपाद ने इंटरनेशनल सोसायटी फ़ॉर कृष्ण कॉन्शियस्नेस (इस्कॉन) को यू एस में स्थापित करने का निश्चय किया। अगले दस साल तक उन्होंने विश्व की कम से कम बारह यात्राएँ कीं और

विश्व भर में इस्कॉन के केन्द्र और विश्व के सबसे बड़े शाकाहारी भोजन राहत प्रोग्राम शुरू किए।

हमेशा यह सिखाया जाता है कि सफलता के लिए उत्तम शिक्षा की आवश्यकता होती है, लेकिन ऐसे अनेक लोगों की उपलब्धियाँ, जिन्होंने ग़ैर पारम्परिक व्यावसाय के मार्ग को चुना, इस विचार का खण्डन करती हैं। सोईचिरो हॉन्डा, हॉन्डा मोटर कंपनी के संस्थापक ने एक बार ये कहा था, "एक डिप्लोमा की डिग्री एक पिक्चर के टिकट से भी कम उपयोगी होती है" (www.motorcyclemuseum.org, 2000)। हॉन्डा अपने निजी अनुभव के आधार पर बोल रहे थे।

हॉन्डा का जन्म एक छोटे से गाँव में हुआ था, जहाँ उनके पिता एक लुहार का काम करते थे और साइकिल की मरम्मत भी करते थे। हॉन्डा को अपने पिता की मदद करने में बहुत आनन्द आता था, लेकिन उन्हें स्कूल का काम बिलकुल भी पसन्द नहीं था। एक बार, अपनी ख़राब स्कूल रिपोर्ट कार्ड पर हस्ताक्षर करने की शर्म से अपने परिवार को बचाने के लिए उन्होंने साइकिल के पेडल के कवर से एक स्टाम्प बनाया। ऐसे ही अनेक नक़ली स्टाम्प उन्होंने दूसरे बच्चों के लिए भी बनाए, जिसके लिए वह पकड़े गए और उन्हें सज़ा भी हुई।

जब वह बहुत छोटे थे तो एक कार उनके गाँव से गुज़री। वह कार के पीछे दौड़े और कार द्वारा पीछे गिराए गए तेल में अपना हाथ डाल दिया। कई साल बाद, हॉन्डा ने याद करते हुए कहा, "मैं उसमें से निकलने वाले तेल की गन्ध को कभी नहीं भुला पाया" (हॉन्डा वर्ल्डवाइड, 1936)। उस दिन एक छोटे से लड़के ने अपने व्यवसाय की पुकार को समझ लिया : सोईचिरो हॉन्डा ऑटोमोबाइल बनाना चाहते थे।

पन्द्रह साल की उम्र में, उन्होंने टोकियो में एक ऑटोमोबाइल वर्कशॉप में एक प्रशिक्षार्थी के रूप में काम करना शुरू किया। छ: साल तक वह एक मेकैनिक के रूप में काम करते रहे और इंजन के बारे में जितना कुछ भी सीख सकते थे, सीख लिया। फिर वह एक गैराज खोलने के लिए हामामात्सु चले गए, जो कि बहुत ही लोकप्रिय हुआ। लेकिन मन ही मन में वह ऑटोमोबाइल बनाना चाहते थे। उन्होंने मेटल पिस्टन बनाने का काम शुरू करके निर्माण के क्षेत्र में प्रवेश किया। शुरू में यह काम ज़्यादा सफल नहीं

हुआ, इसलिए उन्होंने एक तकनीकी संस्थान में प्रवेश ले कर मेटलर्जी सीखने का निश्चय किया। उन्होंने अपनी पढ़ाई पूरी की, लेकिन कॉलेज छोड़ दिया क्योंकि उन्होंने परीक्षा देने से इंकार कर दिया था। उनका मानना था कि इंजीनियरिंग मात्र कोई प्रायोगिक विज्ञान नहीं था। यह तो कल्पना का साकार और उपयोगी स्वरूप था। कई प्रयोगों के बाद, उन्होंने उत्तम पिस्टन रिंग्स बना लिए। लेकिन वे वास्तव में जो करना चाहते थे, वह था कार बनाना। द्वितीय विश्व युद्ध के बाद, जब जपान की अर्थव्यवस्था नीचे गिरने लगी तो वे फिर से कारों की मरम्मत करने के काम पर लौट आए। उन्हें अपने काम पर रेलगाड़ी से जाना पसन्द नहीं था, और साइकिल की गति बहुत धीमी थी, इसलिए उन्होंने एक छोटी सी सस्ती मोटर साइकिल बनाई। एक स्थानीय व्यापारी ताके फ़ूजिसामा को इस मोटर साइकिल में बहुत रुचि उत्पन्न हुई और उसने हॉन्डा की मदद करने का निश्चय किया। इस प्रकार हॉन्डा मोटर कंपनी का जन्म हुआ। यह विश्व की सबसे बड़ी मोटर साइकिल निर्माता बनी, जो हर महीने एक मिलियन इकाइयों का उत्पादन करती थी। लेकिन हॉन्डा सन्तुष्ट नहीं थे क्योंकि उनका सपना अभी भी वही था।

वह कार बनाने का प्रस्ताव लेकर अन्तर्राष्ट्रीय व्यापार और उद्यम मंत्रालय गए, और उनसे कहा गया कि उन्हें मोटर साइकिल ही बनाते रहना चाहिए क्योंकि कुछ गिने चुने निर्माता ही मंत्रालय की कार बनाने की योजना का हिस्सा थे। लेकिन हॉन्डा ने इस 'न' को स्वीकार नहीं किया। उन्होंने यू एस के बाज़ार पर अपना ध्यान केन्द्रित करके जापान और यू एस के ऑटो निर्माताओं को अचम्भित कर दिया। हॉन्डा यू एस में कार बनाने वाली पहले जापानी कंपनी बनी। उसके बाद टोयोटा और निस्सान आए। हॉन्डा मोटर कंपनी घनफल की दृष्टि से अंतर्दहन वाला इंजन बनाने वाली सबसे बड़ी और जापान की दूसरी सबसे बड़ी ऑटो निर्माता कंपनी बन गई।

हॉन्डा को जापान के सबसे उच्च सम्मान, ब्लू रिबन से सम्मानित किया गया। उन्हें मिशिगन टेक्निकल युनिवर्सिटी और ओहियो स्टेट युनिवर्सिटी से ऑनररी डॉक्टरेट प्राप्त हुई। उनके नाम पर 470 आविष्कार और 150 पेटेन्ट थे, हालाँकि उनके पास किसी भी युनिवर्सिटी का डिप्लोमा नहीं था। वे माता पिता, जिनके बच्चों को पढ़ाई में रुचि नहीं है, उनके लिए सोईचिरो हॉन्डा का जीवन शक्ति का एक महान स्रोत है। ख़ासकर भारत में, हम ज़रूरत से ज़्यादा शिक्षा पर ज़ोर देते हैं।

नन्दिनी और मैं नहीं चाहते थे कि देवांग को भी इन सभी परेशानियों को झेलना पड़े जो हमारे कुछ मित्रों के बच्चों को झेलनी पड़ीं। जब वह सोलह साल का हुआ तो हमने उसे सलाह दी कि उसे एक काउन्सलर के पास जाना चाहिए और एक साइकोमेट्रिक टेस्ट लेना चाहिए। इस परामर्श और टेस्ट का उद्देश्य था उसे अपने उस करियर की राह को चुनने में मदद करना जिसमें उसकी रुचि थी क्योंकि 3,000 से भी ज़्यादा करियर विकल्पों में से चुनाव करना एक दिमाग़ को हैरान करने वाला काम हो सकता है।

हम अक्सर अपने बच्चों से ये नहीं पूछते कि उन्हें क्या करना पसन्द है। हम उनसे उनके व्यवसाय के बारे में तो बात करते हैं, लेकिन उनकी पसन्द और जुनून के बारे में नहीं। हम उस भाव को दोबारा जगाना ही नहीं चाहते जो थॉमस एडिसन के मन में था जब उन्होंने कहा था, "मैंने अपने जीवन में एक भी दिन काम नहीं किया, मेरे लिए तो सब कुछ मस्ती जैसा था।" हम अपने बच्चों को उन रिश्तेदारों का उदाहरण देते हैं जो सफल हो चुके हैं और उन्हें उन लोगों का अनुसरण करने के लिए ज़ोर देते हैं। हम यह भूल जाते हैं कि बच्चे ये बिलकुल पसन्द नहीं करते कि उनकी तुलना किसी के साथ की जाए। "तुम्हें अपने चचेरे या ममेरे भाई जैसा डॉक्टर बनना चाहिए" या "तुम अपने भाई जैसे इंजीनियर बन सकते हो" - इस प्रकार के वाक्य बच्चों पर उल्टा प्रभाव डालते हैं और उन्हें इसके ठीक विपरीत करने की दिशा में ले जाते हैं।

रिश्तेदारों की बजाय, हमें बच्चों के आदर्शों के बारे में बात करनी चाहिए। सभी बच्चे ये पसन्द करते हैं। जब हम उनके आदर्श या रोल मॉडल के बारे में बातचीत करते हैं, तो हम उनमें ये विचार भर सकते हैं, "यदि तुम शकिल ओ नील, क्रिश्चियानो रोनाल्डो, जेफ़ इम्मेल्ट, अमर्त्य सेन या किसी भी अन्य व्यक्ति की तरह सफल होना चाहते हो तो तुम्हें अपने पसन्द का व्यवसाय पहचानना होगा।" हमें अपने बच्चों को यह एहसास दिलाना होगा कि उनके हीरो ने जो कुछ भी हासिल किया, उसे वह सिर्फ़ इसलिए हासिल कर पाए क्योंकि उनके लिए उनका व्यवसाय उनका जुनून था और काम उनके लिए आनन्द था।

माता पिता जब अपने बच्चों से इस बारे में खुलकर बात करेंगे कि वे वास्तव में क्या करना चाहते हैं तो उन्हें बहुत आश्चर्य होगा। बल्कि माता पिता को उन चुनावों के बारे में सुनने के लिए तैयार रहना चाहिए जो सुनने

में डरावने लगें। ख़ैर, क्या झटके लगना माता पिता के व्यवसाय का एक हिस्सा नहीं है?

मेरे क्लीनिक में कुछ ऐसे लोकप्रिय लोगों की तसवीरें लगी हुई हैं जिन्होंने इन सालों में रोगों के बारे में जागरूकता पैदा करने में मेरे काम में मेरी सहायता की है। कुछ साल पहले, एक तेरह साल की लड़की इलीशा एक नायिका की तसवीर के सामने रुक कर बोली, "पता है डॉ. सिब्बल, एक दिन जब मैं सुपर स्टार बन जाऊँगी न, तब आप मेरी भी तसवीर अपने क्लीनिक में लगाएँगे।" उसकी माँ दिव्या बहुत आश्चर्यचकित हो गईं। "मैं आपको कुछ सालों बाद बताने वाली थी कि मेरा सपना है एक सुपर स्टार बनना," उस किशोरी ने समझाया। अब जब भी नन्हीं इलीशा परामर्श के लिए आती है, वह अपने सपने के बारे में बात करती है। इलीशा भाग्यशाली है। उसके माता पिता उसका समर्थन करते है। वे उसे उसका व्यवसाय पाने में मदद करेंगे। लेकिन कई माता पिता ऐसा नहीं करते।

एल्बर्ट श्वीज़र, ए सी भक्तिवेदान्त स्वामी प्रभुपाद और सोईचिरो हॉन्डा वह सब प्राप्त कर पाए जो उन्होंने किया क्योंकि उसका एक ही कारण था। उन्होंने अपने पसन्द के व्यवसाय को ढूँढ़ लिया। हमें भी अपने बच्चों की मदद करनी चाहिए और उन्हें उनके व्यवसाय की राह पर अग्रसर. करना चाहिए।

हर कोई अपनी परिस्थितियों से ऊपर उठ सकता है और सफलता प्राप्त कर सकता है अगर उसमें, जो कुछ भी वह करता है, उसके प्रति समर्पण और जुनून हो।

—नेल्सन मन्डेला

संवेदना

अगर आप चाहते हैं कि दूसरे लोग खुश रहें, तो संवेदना का अभ्यास करें। अगर आप चाहते हैं कि आप खुश रहें, तो संवेदना का अभ्यास करें।

—परम पूज्य चौदहवें दलाई लामा

जब हम बड़े हो रहे थे, हमें दया करना, दूसरों का ख़याल रखना और संवेदनशील होना सिखाया गया था। हम में से कुछ लोगों को वे मूल्य याद रहे जो हमें सिखाए गए थे और हमने उन्हें कम से कुछ थोड़ा बहुत अपने जीवन में उतारा। लेकिन कुछ विशिष्ट लोगों में, संवेदना उनके रोज़ के जीवन के कार्यों में स्पष्ट दिखती है।

नवम्बर 2006 में, मैं तभी कोलकता से लौटा था, जहाँ मदर टेरेसा ने मिशनरीज़ ऑफ़ चैरिटी स्थापित किया था। इसके पहले, देवांग और मैंने यह नियम बना लिया था कि जब भी मैं किसी शहर में जाऊँगा तो वहाँ से लौट कर उसके बारे में उससे ज़रूर बात करूँगा। इस बार मैं उसे मदर टेरेसा के काम के बारे में बताना चाहता था। लेकिन हमें वह मौक़ा ही नहीं मिला क्योंकि हम उस शाम को '*द क्वीन*' पिक्चर देखने चले गए जो कि प्रिन्सेस डायना की दुखद मृत्यु से जुड़ी घटनाओं पर आधारित है।

उसके बाद वाले दिन जो कि एक फ़ुर्सत भरा रविवार था, हमने मदर टेरेसा और प्रिन्सेस डायना के बारे में बात करनी शुरू की।

हमारे सामने दो ऐसी महिलाओं का जीवन था जो परवरिश, सामाजिक परिस्थितियों और अपने काम के तरीक़े के मामले में एक दूसरे से बिलकुल अलग थीं। दोनों कितनी अलग थीं, लेकिन फिर भी उनकी संवेदना का गुण उन्हें परस्पर जोड़ता था।

मदर टेरेसा का जन्म अल्बानिया में हुआ था। बारह साल की उम्र में उन्होंने यह निश्चय किया कि वह एक नन बनेंगीं। जब वह अट्ठारह साल की थीं, उन्होंने सिस्टर्स ऑफ़ लोरेटो के साथ जुड़ने के लिए घर छोड़ दिया और जल्दी ही उन्हें भारत में काम करने के लिए चुन लिया गया। उन्होंने दार्जिलिंग में एक शिक्षक के रूप में पढ़ाने से शुरुआत की।

शिक्षक के रूप में काम करते हुए, मदर टेरेसा कॉन्वेन्ट की दीवारों के बाहर पीड़ा और ग़रीबी देख कर परेशान हो गईं। जब वे कलकत्ता (अब कोलकाता) से दार्जिलिंग जा रहीं थीं, तब उन्होंने वह अनुभव किया जिसे उन्होंने अपनी 'अन्तरात्मा की पुकार' माना। दो साल बाद उन्हें ग़रीबों के साथ काम शुरू करने की अनुमति मिल गई। उन्होंने लॉरेटो के वस्त्र त्याग दिए और नीले किनारे वाली सफ़ेद सूती साड़ी पहनना शुरू कर दिया। 1950 में उन्हें वेटिकन से मिशनरीज़ ऑफ़ चौरिटी स्थापित करने की अनुमति मिल गई।

मदर टेरेसा के शब्दों में उनका उद्देश्य था, "भूखों, नंगों, बेघर, अपंग, अन्धों, कुष्ठ रोगियों, वे सभी लोग जो समाज में अवांछित, प्यार से महरूम, और उपेक्षित महसूस करते हैं, वे लोग जो समाज पर बोझ बन गए हैं और जिन्हें सबके द्वारा बहिष्कृत कर दिया गया है, उन सबकी सेवा करना" (जॉन्सन, 2011)।

लेडी डायना का जन्म कुलीन स्पेन्सर परिवार में हुआ था। जब वे उन्नीस साल की थीं, तो उनकी सगाई प्रिंस चार्ल्स के साथ हो गई, जो ब्रिटिश राजगद्दी के पहले वारिस थे। जब डायना ने प्रिंस चार्ल्स के साथ बीस साल की उम्र में सेंट पॉल कैथेड्रल में विवाह किया तो यह एक वैश्विक घटना बन गई। किसी भी शाही घटना में इतना उत्साह नहीं देखा गया था। इससे पहले किसी एक घटना को 75 करोड़ लोगों ने टेलिविज़न पर कभी नहीं देखा था। डायना 'हर रॉयल हाइनेस, प्रिन्सेस ऑफ़ वेल्स' बन गईं।

जहाँ एक ओर रुतबे के दबाव का सामना करने में उन्हें कठिनाई हो रही थी, वहीं दूसरी ओर उनका ध्यान सेवा के काम की तरफ़ आकर्षित हुआ। वे अनेक ऐसी संस्थाओं की समर्थक बन गईं जो ड्रग के आदी, बेघर और बूढ़े लोगों के उत्थान के लिए काम करती थीं। ब्रिटिश डीफ़ एसोसिएशन का हिस्सा बनने पर उन्होंने संकेतिक भाषा भी सीखी, रॉयल मार्सडेन

हॉस्पिटल का सम्बल बनीं और ग्रेट ऑर्मन्ड स्ट्रीट हॉस्पिटल फ़ॉर सिक चिल्ड्रन ऑफ़ बर्नार्डोज़ (असुरक्षित बच्चों और किशोरों के लिए एक सेवा संस्था) की अध्यक्ष बन गईं। अपने सेवा कार्य के प्रचार में उन्होंने असीम ऊर्जा का प्रदर्शन किया। एक समय ऐसा भी था जब वे 100 से अधिक सेवा संस्थानों के साथ जुड़ी हुई थीं।

उनकी रुचियों की तरफ़ जिस बात ने सारे दुनिया का ध्यान आकर्षित किया, वह था उन गतिविधियों में रुचि जो कि उन सब गतिविधियों से सर्वथा भिन्न थी जिनमें ब्रिटिश शाही परिवार पारम्परिक रूप से शामिल होता था। इनमें कुष्ठ रोग और एड्स से पीड़ित लोगों के लिए उनका काम करना सम्मिलित थे।

प्रिन्सेस डायना की सेवाओं ने उनको छुआ जिन्हें कोई छूना नहीं चाहता था। उन्होंने उनके बारे में बात की जिन्हें कोई याद भी नहीं करना चाहता था। उनकी सेवा से जुड़े हर कार्य में उनकी संवेदना विदित थी। डायना ने इस भ्रान्ति को मिटाने में योगदान दिया कि एड्स छूने से फैलता है और एड्स के मरीज़ों को छूने और उन्हें गले लगाने वाली दुनिया भर के सेलेब्रिटीज़ में से एक बन गईं। नैशनल एड्स ट्रस्ट में अपने कार्य के माध्यम से वे अनेक बार अफ़्रीका गईं, और उन्होंने जो प्रसिद्धि पाई, उसके माध्यम से उन्होंने एड्स पर भाषणों में एक क्रान्ति ला दी।

अपने तलाक के बाद, प्रिन्सेस डायना बारूदी सुरंग पर रोक लगाने के लिए अन्तर्राष्ट्रीय अभियान को समर्थन देने के लिए जानी जाने लगीं। उन्होंने अंगोला का दौरा किया और बारूदी सुरंगें देखने भी गईं। उन्होंने इंग्लैण्ड, यू एस, बोस्निया और हर्ज़गोविना में बारूदी सुरंगों के कहर के बारे में बात की।

दूसरी ओर, जब मदर टेरेसा ने ग़रीबों से भी ग़रीब लोगों के लिए काम करना शुरू किया तो उनके पास कोई संसाधन नहीं थे। शुरुआती साल बहुत कठिन रहे, और उन्होंने कॉन्वेन्ट लौट जाने का विचार बनाया। लेकिन जल्दी ही स्वयंसेवक उनके साथ जुड़ने लगे और धीरे धीरे वित्तीय सहायता भी थोड़ी थोड़ी करके आने लगी। उन्होंने कुष्ठ रोगियों, एड्स और क्षय रोग के मरीजों के लिए आश्रम, अनाथालय और घर सूप किचन, डिस्पेन्सरी, क्लीनिक और स्कूल स्थापित किए। उनका काम कोलकाता के बाहर तक

फैलने लगा। उन्होंने भारत के अन्य जगहों में भी केन्द्र स्थापित किए, और अन्ततः 123 देशों में उनके 610 केन्द्र स्थापित हो गए।

जब मदर टेरेसा को नोबेल शान्ति पुरस्कार दिया गया तो उन्होंने निवेदन किया कि भोज नहीं दिया जाए। उनको लगा कि 7,000 यू एस डॉलर को कोलकाता में 400 लोगों को एक साल तक भोजन कराने में बेहतर तरीक़े से ख़र्च किया जा सकेगा।

मदर टेरेसा और प्रिन्सेस डायना एक बार न्यू यॉर्क कॉन्वेन्ट ऑफ़ द मिशनरीज़ ऑफ़ चौरिटी में जून 1997 में मिले। मदर टेरेसा ने डायना को बाँहों में भर लिया और दोनों हाथ में हाथ थाम कर चलीं। उन्होंने संवेदना के बारे में बात की। उन्होंने बहुत कुछ करने की आवश्यकता और अपनी मान्यताओं के बारे में बात की। ख़ैर, ये उनकी पहली और आख़िरी मुलाक़ात थी। 31 अगस्त, 1997 में, एक दुखद दुर्घटना में डायना की मृत्यु हो गई और उसके एक हफ़्ते बाद, 5 सितम्बर, 1997 को मदर टेरेसा गुज़र गईं। सात दिन के अन्दर, संवेदना की दो महान ज्योतियों को दुनिया से छीन लिया गया।

क्या संवेदना के लिए किसी असाधारण मानवीय प्रयास की आवश्यकता है? नहीं। हम में से हर कोई संवेदना दिखाने की क्षमता रखता है। अक्सर हम लोग छोटे छोटे कामों की ताक़त को कम आँकते हैं। एक दयापूर्ण शब्द, एक दयापूर्ण कार्य, एक दयापूर्ण अभिव्यक्ति, या एक दया से भरी चिट्ठी किसी के जीवन में एक बड़ा बदलाव ला सकती है।

वयस्कों द्वारा प्रदर्शित जटलताओं से बहुत परे, बच्चे अपने सरल अन्दाज़ में संवेदना दिखाते हैं। इन संवेदना से भरे कार्यों के लिए वे किसी भी पुरस्कार की अपेक्षा नहीं करते। बच्चे प्राकृतिक रूप से संवेदनशील होते हैं। बल्कि सच तो ये है कि बच्चे जिस तरह से दूसरे बच्चों, बड़ों और जानवरों के साथ आचरण करते हैं, उसको नियन्त्रित करने के प्रयास में वयस्क लोग अंजाने में ही उनकी संवेदनशीलता को हतोत्साहित करते हैं।

एक बच्चा किसी सड़क के कुत्ते को खाना खिलाना चाहता होगा, लेकिन उसके माता पिता उसे रोकेंगे क्योंकि उन्हें बच्चे की सुरक्षा और स्वच्छता की फ़िक्र होगी। एक बच्चा शायद अपना सबसे महँगा खिलौना किसी को देना चाहता होगा, लेकिन माता पिता कहेंगे, "वह खिलौना मत दो, वह बहुत महँगा है। उसकी जगह चाकलेट दे दो।" बच्चे दुनिया के उन भौतिक तौर तरीक़ों

को नहीं समझते, जो वयस्कों के जीवन का अभिन्न हिस्सा हैं।

एक सात साल की बच्ची के माता पिता उसे परामर्श के लिए मेरे पास लाए क्योंकि वे उसके विकास को लेकर चिन्तित थे। पिछले छः महीनों से उसका वज़न पर्याप्त रूप से नहीं बढ़ रहा था। उसके माता पिता को लगता था वह ठीक से खाती थी और उसे कोई मेडिकल समस्या नहीं थी। वह लड़की एक ऐसे स्कूल में पढ़ती थी, जो घर से बहुत ज़्यादा दूर था। उसका घर स्कूल जाते समय बस के पहले स्टॉप पर था और वापसी में आख़िरी। इसका यह मतलब था कि उसे घर से 6:45 बजे निकलना पड़ता था और 4:00 बजे लौटना पड़ता था। घर से निकलते समय वह सिर्फ़ एक ग्लास दूध ही पीती थी। दोपहर का भोजन पैक करने के अलावा उसकी माँ उसके लिए दो नाश्ते पैक करते देती थीं, एक सुबह के लिए और एक दोपहर के लिए। उसका नाश्ते और भोजन का डिब्बा ख़ाली वापस आता था।

जब मैंने उसके आहार के बारे में गणना की तो मुझे लगा कि उसे पर्याप्त कैलोरी दी जा रही थीं। मैंने उससे पूछा कि क्या उसे दिया गया भोजन पसन्द आता था तो उसने जवाब दिया, "हाँ।" मैंने पूछा कि क्या वह थोड़ा बहुत खाना फेंक दिया करती थी (जैसा कि बच्चे अक्सर करते हैं) और उसने कहा, "नहीं।" उसमें कोई अन्य लक्षण नहीं दिख रहे थे और उसके सारे परीक्षण बिलकुल सामान्य थे। मुझे कुछ समझ में नहीं आया। मुझे लगा कि आगे किसी जाँच की ज़रूरत नहीं थी क्योंकि उस बच्ची की सेहत अच्छी लग रही थी। मैंने उस परिवार को सलाह दी कि हमें अगले महीने दोबारा मिलना चाहिए।

जब मैंने उस लड़की को दोबारा देखा, तो उसका वज़न बिलकुल नहीं बढ़ा था। उसमें कोई लक्षण नहीं दिख रहे थे और फिर से सभी जाँचें सामान्य थीं। उसकी माँ ने फिर कहा कि उसका नाश्ते और भोजन का डिब्बा ख़ाली ही वापस आता था और उस लड़की को दिए गए भोजन से कोई शिकायत नहीं थी। पहले परामर्श में उससे पूछा गया था कि क्या वह खाना फेंकती थी। इस बार मैंने पूछा, "क्या तुम अपना नाश्ता और खाना पूरा ख़त्म करती हो?" उसने जवाब दिया, "डॉक्टर, मैं और मेरी सहेली मिलकर उसे ख़त्म करते हैं।"

जब मैंने उसे विस्तार से बताने को कहा तो वह बोली, "मेरी सहेली

को जो नाश्ता और भोजन मिलता है, वह उसे पसन्द नहीं है। उसकी माँ की मृत्यु कई महीने पहले हो गई थी और उसकी आया उसे रोज़ एक ही सा नाश्ता और खाना देती है। अगर वह नाश्ता और खाना वापस घर ले जाती है तो उसे डाँट पड़ती है। क्योंकि मुझे भी उसका खाना अच्छा नहीं लगता, हम उस खाने को फेंक देते हैं और दोनों वह खाते हैं जो मैं स्कूल लेकर जाती हूँ।" उसकी माँ ने उसे गले से लगा लिया और रोने लगीं। उसके पिता ने पूछा, "तो तुमने हमें ये सब क्यों नहीं बताया? हम तुम्हारे और तुम्हारी सहेली के लिए दो नाश्ते और खाने के डिब्बे पैक कर देते।" वह लड़की मासूमियत से मुस्कराई और बोली, "मैं माँ को परेशान नहीं करना चाहती थी।" उस बच्ची ने अपना आधा खाना रोज़ दे देने से पहले दो बार भी नहीं सोचा। उसने अपने बारे में नहीं सोचा। उसके लिए दोस्ती ही सबसे ऊपर थी।

मेरे एक मित्र ने मुझे हाल ही में एक बहुत ही दिल को छू देने वाली कहानी सुनाई। एक आठ साल की लड़की अपना खाना ख़त्म करने के लिए जूझ रही थी। उसकी चिन्तित माँ ने अपने पति को इशारा किया कि वह उसे खाना ख़त्म करने का महत्त्व समझाएँ। "जाकर उससे कहिए कि ठीक से बढ़ने के लिए उसे अच्छे से खाना चाहिए। उसे यह समझना चाहिए कि उसे स्वस्थ बनना है। तुम्हें उसे ये कहना होगा क्योंकि वह सिर्फ़ तुम्हारी ही सुनती है।"

पिता खाने की टेबल पर गया और बोला, "मेरी प्यारी बेटी, खाना खा लो। अपने लिए खाओ। अपनी माँ की ख़ातिर खाओ। मेरी ख़ातिर खाओ।" वह लड़की बोली, "ठीक है डैडी। मैं खा लूँगी। हालाँकि मैं ये खाना नहीं चाहती। लेकिन पहले एक चीज़ का वादा कीजिए। अगर मैं पूरा खाना ख़त्म कर दूँ तो क्या आप मुझे वह देंगे, जो मैं माँगूँगी?" पिता ने बिना किसी हिचकिचाहट के कहा, "हाँ मैं वादा करता हूँ।" बेटी ने फिर पूछा, "क्या ये माँ का भी वादा है?" अब पिता को चिन्ता हुई और उन्होंने पूछा, "कहीं तुम हमसे कोई महँगी चीज़ तो नहीं माँगने वालीं?" बेटी ने आश्वासन दिया, "बिलकुल नहीं डैडी।" खाना ख़त्म करने के बाद वह अपने पिता के पास गई और बड़ी कोमलता से बोली, "डैडी, मैं अपना सिर मुँडवाना चाहती हूँ।"

पिता को समझ में नहीं आया कि वे कैसे प्रतिक्रिया दिखाएँ। माँ के तो होश उड़ गए और वह चिल्ला कर बोली, "बिलकुल नहीं।" उसके पिता

ने उससे बात करने की कोशिश की, "कुछ और ले लो। दोबारा सोच कर देखो।" लेकिन वह लड़की निश्चय कर चुकी थी। "मैंने वह भी खाया जो मुझे पसन्द नहीं था और अब जब मैंने वह कर दिया जो करने के लिए मैं मान गई थी, तो अब आप लोग अपने वचन से पीछे मत हटिए। आप दोनों ने हमेशा मुझे सिखाया है कि वादा वादा होता है।" माता पिता को यह एहसास हुआ कि अगर वह अपने वचन से पीछे हट गए, तो बेटी का उनकी शिक्षा पर से विश्वास उठ जाएगा। उस लड़की को सप्ताहान्त पर एक सैलोन में ले जाया गया, और उसका सिर के बाल निकलवा दिए गए।

अगली सुबह, पिता अपनी नन्ही बेटी को स्कूल छोड़ने गए। जैसे ही उसने अपने घुटे हुए सिर के साथ स्कूल में क़दम रखा, उसने अपने पिता को हाथ हिला कर विदा किया। तभी एक लड़के ने उसे आवाज़ दी और उसके लिए रुकने के लिए कहा। उस लड़के का सिर भी मुड़ा हुआ था। इग्निशन दबाते हुए पिता ने सोचा, "शायद ये आजकल का कोई अजीब नया फ़ैशन होगा।" जैसे ही वे आगे बढ़ने लगे, एक महिला उनके पास आई और बोली, "मेरा बेटा और आपकी बेटी एक ही कक्षा में पढ़ते हैं। कुछ महीने पहले जाँच में पता चला कि मेरे बेटे को ब्लड कैंसर है। कीमोथेरपी के कारण उसके सिर के सारे बाल झड़ गए। चिढ़ाए जाने के डर से उसे दोबारा स्कूल आने में बहुत घबराहट हो रही थी। आपकी बेटी ने उससे कहा कि चिढ़ाने के बारे चिन्ता करना बन्द कर दे। वह उस का इलाज ढूँढ़ लेगी। मैंने ये कभी नहीं सोचा था कि एक आठ साल की बच्ची अपने लम्बे ख़ूबसूरत बाल मुँड़वाने जैसा महान त्याग करेगी। आप बहुत क़िस्मत वाले हैं कि आपकी ऐसी संवेदनशील बेटी है। वह एक अद्‌भुत इन्सान है।" पिता अचम्भित हो गया।

जब पिता घर पहुँचा तो उसने अपनी पत्नी को वह सब बताया जो उस महिला ने बताया था। उन्हें यह एहसास हुआ कि ऐसी ख़याल रखने वाली और संवेदनशील बेटी पाकर वे कितने धन्य हो गए थे। एक आठ साल की बच्ची ने ऐसे अनोखे तरीक़े से संवेदना का प्रदर्शन किया जिसे वे कभी नहीं भूल सकते थे।

हम अपने बच्चों के संवेदना से भरे कार्यों में हस्तक्षेप नहीं करके उन पर एक बहुत बड़ी मेहरबानी कर सकते हैं। जब हम उन्हें दयावान और दूसरों के बारे सोचने के लिए अच्छा काम करते देखें, तो उनका उत्साहवर्धन

करके हम एक क़दम आगे बढ़ सकते हैं। बल्कि सच तो ये है कि हम अपने बच्चों से बहुत कुछ सीख सकते हैं।

> *संवेदना हमें रुकने पर मजबूर कर देती है, और एक पल के लिए हम अपने से ऊपर उठ जाते हैं।*

—मेसन कूली

दूसरों को ख़ुशियाँ देना

जहाँ भी जाओ, प्यार बाँटो। जो भी तुम्हारे पास आए, पहले से ज़्यादा ख़ुश होकर जाए।

—मदर टेरेसा

एक शिशु आम तौर पर दिन में 300 बार हँसता है - एक वयस्क केवल 15 बार। एक शिशु अपने माता पिता, खिलौना या खाना देखकर ख़ुश होता है। छोटी-छोटी चीज़ें एक शिशु को ख़ुशी देती हैं। जैसे जैसे हम बड़े होते जाते हैं, छोटी-छोटी चीज़ें हमारे लिए कम मायने रखती हैं और जो चीज़ें हमें ख़ुशी देती हैं, उनकी सूची छोटी होती जाती है। सबसे ज़्यादा चिन्ता का विषय यह है कि कुछ दशक पहले बच्चे जितना हँसते थे, उसकी तुलना में आजकल बच्चे भी कम हँसने लगे हैं। आजकल तनाव, क्रोध और कुण्ठा इतनी ज़्यादा है कि ख़ुशियाँ कहीं बहुत पीछे छूट गईं हैं। माता पिता होने के नाते हमें अपने बच्चों को ख़ुश रखना चाहिए। लेकिन जैसा कि हम सब जानते हैं, कहना जितना आसान है, करना उतना ही कठिन है।

अगर हम किसी से पूछें कि उसकी इच्छाओं की सूची में क्या है, तो हम देखेंगे कि उसमें पैसा, अच्छी सेहत, प्यार, मन की शान्ति, प्रसिद्धि, और लम्बी उम्र के साथ ख़ुशी सबसे ऊपर होगी। लेकिन सबसे महत्त्वपूर्ण सवाल ये है हम में से कितने लोग ख़ुश हैं?

हम अपनी ख़ुशी की तलाश में पढ़ते हैं, चर्चा करते हैं और अनेक प्रयोग करते हैं। हम दूसरों को, परिस्थितियों को, काम को... यहाँ तक कि व्यवसाय, शहर, देश, जीवन साथी और मित्रों को भी बदलने की कोशिश करते हैं। हम अपने आप को इस तलाश के केन्द्र में रख कर अपने आप को ख़ुश रखने की कोशिश करते रहते हैं। ऐसे अनेक लोग जो हमसे ज़्यादा

खुश हैं, उन्होंने दूसरे तरीक़े आज़माए हैं। दूसरों को खुशी दो, और तुम्हें खुशियाँ मिल जाएँगी। ऐसे ही एक व्यक्ति थे वॉल्ट डिज्नी, जिन्होंने इस तरीक़े में महारत हासिल की।

सोलह साल का होने पर देवांग स्कूल ट्रिप पर डिज्नी वर्ल्ड गया, और वहाँ से लौटने पर उस ट्रिप के बारे में बात करते नहीं थकता था। उसे उसका स्वर्ग मिल गया था। लम्बे उपदेशों की बजाय उदाहरण के द्वारा उसमें मूल्यों को स्थापित करने की अपनी रणनीति को अपनाते हुए, इस स्वर्ग के निर्माता वॉल्ट डिज्नी के बारे में बात करना स्वाभाविक ही था।

हर साल 100 मिलियन से ज़्यादा लोग एक खुशी भरे दिन की उम्मीद में डिज्नी लैण्ड में क़दम रखते हैं। अक्सर विभिन्न राइड्स और अद्भुत शो का आनन्द लेते हुए उनका समय बहुत अच्छा बीतता है। उन्हें अपने बच्चों और मित्रों के साथ गुणवत्ता भरा समय बिताने का भी मौक़ा मिलता है। ये सब लोग प्यारी यादों और एक बड़ी सी मुस्कान के साथ वहाँ से लौटते हैं। कई करोड़ लोग मुस्कराते हैं जब वे डिज्नी कार्टून और फ़िल्में देखतें हैं। शायद इतनी पीढ़ियाँ गुज़र जाने के बाद भी किसी भी एक व्यक्ति की परिकल्पना ने इतने सारे लोगों को खुशियाँ नहीं दी होंगी।

डिज्नी को बहुत कम उम्र से ही चित्रकारी करने में आनन्द आता था। एक बार उनके पड़ोसी ने उनसे अपने घोड़े का चित्र बनाने के लिए कहा। हालाँकि चित्र बहुत ज़्यादा अच्छा नहीं था, लेकिन उन्हें बहुत प्रोत्साहन मिला, जिससे उन्हें और ज़्यादा जोश के साथ चित्र बनाने की प्रेरणा मिली। जब वह दस साल के थे, तब उन्हें रेलगाड़ी से प्यार हो गया। उनके चाचा माइकल इंजीनियर थे, और डिज्नी अपने चाचा को रेल की पटरियों पर कान रख आने वाली रेलगाड़ी का संकेत सुनने की कोशिश करते देखकर अक्सर ऐसा करने का प्रयास करते।

हाई स्कूल में, वह स्कूल के अख़बार के कार्टूनिस्ट बन गए और फोटोग्राफ़ी में उनकी रुचि जाग गई। वह दिन के समय स्कूल जाते और रात में शिकागो में एकैडमी ऑफ़ फ़ाइन आर्ट्स में जाते। जब द्वितीय विश्व युद्ध के दौरान उन्हें थल सेना और नौसेना में कम उम्र का होने के कारण प्रवेश नहीं मिला, तो उन्होंने रेड क्रॉस के एक ड्राइवर के रूप में नौकरी कर ली। जिस एम्बुलेन्स को वह चलाते थे, वह अपने आर्टवर्क के लिए

अलग ही पहचान में आती थी क्योंकि उन्होंने उसे अपने मौलिक चित्रों से भर दिया था।

फ़्रांस से लौटने के बाद, उन्हें एक न्यूज़पेपर आर्टिस्ट के रूप में काम मिल गया। उन्होंने एनिमेशन के साथ प्रयोग करना शुरू किया और एक स्टूडियो भी ले लिया और उन्होंने उसका नाम लाफ़-ओ-ग्राम रखा। स्टूडियो बहुत अच्छा नहीं चला, और उन्होंने अपने भाई के साथ कैलिफ़ोर्निया जाने का निश्चय किया। दोनों भाइयों को उम्मीद थी कि कैलिफ़ोर्निया में उनके कार्टूनों का भाग्य बेहतर होगा।

प्रतीकात्मक रूप से, डिज्नी को एक ट्रेन में यह विचार आया कि एक चूहे पर आधारित एक चरित्र की रचना की जाए। डिज्नी को हमेशा से ही चूहों में बहुत रुचि थी। वह उन्हें पिंजरे में रखकर उनको बहुत ग़ौर से देखते थे। उन्होंने इस चरित्र को मॉर्टिमर माउस नाम दिया, लेकिन उनकी पत्नी ने सुझाव दिया कि उसे मिकी बुलाया जाए। जहाँ एक ओर मिकी के चरित्र वाली ख़ामोश फ़िल्में असफल रहीं, मिकी के चरित्र वाली पहली ध्वनि फ़िल्म जिसमें डिज्नी ने अपनी आवाज़ दी थी, बहुत हिट हुई। जल्दी ही डोनाल्ड डक, गूफ़ी और प्लूटो जैसे अन्य मित्रों का भी जन्म हुआ।

डिज्नी ने *स्नो व्हाइट एण्ड द सेवेन ड्वाफ़्र्स* नामक एक पूरी एनिमेटेड फ़िल्म बनाने का साहसिक क़दम भी उठाया। इस फ़िल्म की सफलता ने एनिमेशन फ़िल्म उद्योग को स्थापित कर दिया। इसी के पीछे पीछे *पिनोकियो, बाम्बी, सिन्ड्रेला* और अन्य ढेरों फ़िल्में आईं। सभी डिज्नी प्रोडक्शन्स को जो बात विशिष्ट बनाती थी वह ये थी कि उन सभी को ख़ुशियाँ फैलाने के लिए बनाया गया था।

जब वह पिता बने तो डिज्नी अपनी बेटियों डायने और शैरन को पार्क में मेरी गो राउन्ड पर ले जाते थे। जब तक लड़कियाँ घर जाने को तैयार नहीं हो जाती थीं, वह धैर्यपूर्वक प्रतीक्षा करते थे।

सैन फ़्रान्सिस्को क्रॉनिकल में दिए गए एक साक्षात्कार में डायने डिज्नी ने बताया, “वे जब वहाँ इन्तज़ार में खड़े रहते थे तो यही सोचते रहते थे कि माता पिता और बच्चों के लिए साथ मिलकर करने के लिए और भी बहुत कुछ होना चाहिए, और डिज्नीलैण्ड की परिकल्पना का जन्म हुआ।”(*डेली मेल रिपोर्टर*, 2013)। इसके पीछे उद्देश्य था एक ऐसी जगह की रचना करना

जहाँ लोग मस्ती कर सकें...ढेर सारी मस्ती!

डिज्नी ने एक एम्यूज़मेन्ट पार्क के लिए अपने विचारों के स्केच खुद ही बनाए। जब उनकी योजनाएँ विकसित हो रहीं थीं, उन्होंने कहा, "मैं चाहता हूँ कि ये ऐसा दिखे जैसा दुनिया में और कुछ भी नहीं हो। इसके चारों एक एक रेलगाड़ी होनी चाहिए" (देखें विकिपीडिया में 'वॉल्ट डिज्नी' पर लेख)।

1955 में, जब अनाहेम, कैलिफ़ोर्निया में डिज्नीलैण्ड का उद्घाटन हुआ तो हज़ारों लोगों ने डिज्नी के सपने को हक़ीक़त में बदलते देखा। अपने समर्पण के भाषण में उन्होंने कहा, "यह उन सभी लोगों को समर्पित है जो इस खुशनुमा जगह पर आते हैं। डिज्नीलैण्ड आपका है... मैं आशा करता हूँ कि यह सारी दुनिया के लिए खुशी और प्रेरणा का स्रोत बनेगा" (विकीपीडिया, वॉल्ट डिज्नी)। जब डिज्नीलैण्ड अविश्वसनीय रूप से सफल हुआ तो डिज्नी को पश्चिमी तट के बाहर भी खुशियाँ फैलाने की इच्छा हुई। उन्होंने ऑर्लैन्डो में भी डिज्नी वर्ल्ड स्थापित करने का निश्चय किया जिसमें 'जादू का साम्राज्य' और 'भविष्य का प्रयोगात्मक आदर्श शहर (या समुदाय) (EPCOT)' को भी शामिल करना था।

वॉल्ट डिज्नी के काम ने विश्व भर में अनेक मनोरंजन पार्कों की स्थापना के लिए प्रेरणा दी, जिससे कि विश्व भर के अनेक लोगों को अप्रत्यक्ष रूप से खुशियाँ मिलीं। वॉल्ट डिज्नी कंपनी की संस्कृति का प्रभाव इतना गहरा हुआ है कि मनोरंजन के उद्योग से वास्ता नहीं रखने वाली कम्पनियों ने भी उसका अध्ययन किया है और उसे अपनाया है। अपनी किताब *इफ़ डिज्नी रैन यॉर हॉस्पिटल* में फ्रेड ली ने घोषणा की है कि अगर हॉस्पिटल्स डिज्नी से कुछ सीख पाएँ तो अस्पताल के कर्मचारी अपनी कल्पना से समझ पाएँगे, कल्पना इस बात की कि मरीज़ और मरीज़ का परिवार क्या सोच रहे हैं और क्या अनुभव कर रहे हैं। अगर अस्पताल डिज्नी के दर्शन को अपना लें तो वे ज़्यादा खुशनुमा जगह बन जाएँगे। डिज्नी के दर्शन का अनुसरण करते हुए अगर अस्पताल, जहाँ इतनी तकलीफ़ और दर्द होता है, ज़्यादा खुशनुमा बन जाएँगे तो हम सिर्फ़ ये कल्पना ही कर सकते हैं कि बाक़ी कार्यक्षेत्र भी ऐसे खुशनुमा जगह बन जाएँगे जहाँ खुशियाँ साझा होती हैं (ली, 2004)।

माता पिता और वयस्क होने के नाते हमें अपने बच्चों से एक सरल सा प्रश्न पूछना चाहिए, "तुम्हें किस चीज़ से खुशी मिलती है?" आश्चर्य की

बात है कि मैं जितने भी माता पिता को जानता हूँ, उनमें से बहुत कम ऐसे हैं जो वास्तव में अपने बच्चों से ये प्रश्न करते हैं। हम ये मान लेते हैं कि कि फ़लाने काम से बच्चा ख़ुश हो जाएगा। लेकिन अधिकतर जब मैं माता पिता से पूछता हूँ कि आपके बच्चे को किस बात से ख़ुशी मिलती है तो उनके पास कोई जवाब नहीं होता और मेरा प्रश्न अनुत्तरित ही रह जाता है। हर बच्चा अलग होता है। कुछ बच्चों को खेलकूद अच्छा लगता है, कुछ को नहीं लगता। कुछ बच्चों को घर में रहना अच्छा लगता है तो कुछ को प्रकृति के बीच में। हमें ये जानने का प्रयास करना चाहिए कि हमारा बच्चा किस चीज़ से ख़ुश होगा। जब वे हमें वह करते देखेंगे जिससे उन्हें ख़ुशी मिलती है तो उन्हें भी वह सब करने की इच्छा होगी जिससे हमें ख़ुशी मिले। जब वे दूसरों को ख़ुशी देकर ख़ुशी ढूँढ़ना सीखते हैं तो वे बहुत से लोगों में ख़ुशियाँ फैलाने की एक लहर सी शुरू कर देते हैं।

चार्ली चैपलिन ख़ामोश फ़िल्म के दौर के सबसे बड़े नायकों में एक थे। उन्हें करोड़ों लोगों को ख़ुशियाँ और हँसी प्रदान करने का श्रेय प्राप्त है, उन्हें अपने बचपन में बहुत कठिनाइयों का सामना करना पड़ा। जब वह दस साल के थे, उनके पिता की मृत्यु हो गई और माँ को गम्भीर बीमारी हो गई। उन्होंने अनाथाश्रम में समय बिताया। जब वह बारह साल के थे तो उन्होंने एक स्टेज शो में अभिनय किया। फिर वह फ़िल्म उद्योग से जुड़ गए और अपनी विशिष्ट अदाओं से अपनी पहचान बनाई। जो दर्द उन्होंने अनुभव किया था, उस दर्द ने उन्हें हँसी पर ध्यान केन्द्रित करने के लिए प्रेरित किया। उन्होंने कथन दिया, "सचमुच हँसने के लिए आपमें अपने दर्द को लेकर उस से खेलने की क्षमता होनी चाहिए।" एक मशहूर भाषण में उन्होंने कहा, "हम सब एक दूसरे की ख़ुशी के साथ जीना चाहते हैं, एक दूसरे की तकलीफ़ों के साथ नहीं" (चैपलिन, 1940)। चैपलिन ने अपनी कविता "स्माइल" में लिखा है, If you smile through your fear and sorrow/ Smile and maybe tomorrow/ You'll see the sun come shining through for you (चैपलिन, 1954)। ये हमें याद रखना चाहिए और ख़ुद को और अपने बच्चों को मुस्कराने के लिए प्रेरित करते रहना चाहिए, ख़ासकर तब जब हम अच्छा नहीं महसूस कर रहे हों।

मैं अपने सभी मरीज़ों को उनके जन्मदिन पर ज़रूर फ़ोन करता हूँ। शोना नाथ ने, जिसके तीन प्यारे प्यारे बच्चों की मैं देखभाल कर रहा हूँ,

मुझसे कहा कि उसके लिए ये बहुत मायने रखता है कि मैं उसे फ़ोन करने का प्रयास करता हूँ। तब से मैंने कोशिश की है कि कभी भी चूक नहीं हो। मैं चाहे दुनिया के किसी भी कोने में रहूँ, मैं फ़ोन करना हमेशा याद रखता हूँ। अगर बच्चा बहुत छोटा है, तो मैं उसके माता पिता को फ़ोन करता हूँ। फ़ोन के दूसरे सिरे पर उनकी आवाज़ में जिस खुशी को मैं अनुभव करता हूँ, उसका मैं बखान नहीं कर सकता। हर साल, मैं अनेक परिवारों को खुशी देने का भरसक प्रयास करता हूँ, और उनके माध्यम से, मुझे भी अपनी खुशी की खुराक मिल जाती है।

जो दिन हँसे बिना बीतता है, वह दिन व्यर्थ हो जाता है।

—चार्ली चैपलिन

निराश नहीं होना

हमें सीमित निराशाओं को स्वीकार करना चाहिए, लेकिन असीम आशा का साथ कभी नहीं छोड़ना चाहिए।

—डॉ. मार्टिन लूथर किंग

प्रोफ़ेसर स्टीफ़न हॉकिन्स एक भाषण देने के लिए दिल्ली जा रहे थे। देवांग के स्कूल में उनके आने का बहुत उत्साह फैला हुआ था। जब हम ख़बर देख रहे थे, हम प्रोफ़ेसर हॉकिन्स के जीवन के बारे में बात करने लगे। देवांग और मैंने इन्टरनेट पर उनके अद्‍भुत जीवन के बारे में जानने के लिए दो घण्टे बिताए।

1963 में, जब वह इक्कीस साल के थे, स्टीफ़न हॉकिन्स को एक बहुत ही गम्भीर रोग हो गया जिसका नाम था एमियोट्रोफ़िक लैटरल स्क्लेरोसिस (ए एल एस) और उन्हें बताया गया कि अब उनके पास जीने के लिए कुछ ही साल बाक़ी हैं।

ए एल एस एक ऐसा रोग है जिसमें न्यूरॉन्स प्रभावित होते हैं और नाड़ियाँ निरन्तर ख़राब होती चली जाती हैं। प्रति वर्ष विश्व भर में 350,000 लोग इससे प्रभावित होते हैं। ए एल एस में माँसपेशियों का स्वचालन निरन्तर प्रभावित होता है, रोज़मर्रा के कार्य करना कठिन हो जाता है और व्यक्ति को पूरी तरह लकवा भी मार सकता है।

हालाँकि हॉकिन्स व्हील चेयर पर आ गए थे, लेकिन फिर भी वह केम्ब्रिज गए और कायस कॉलेज में एक प्रबुद्ध शोधकर्ता बन गए। 1979 से 2009 तक उन्होंने केम्ब्रिज में लुकेजिअन प्रोफ़ेसर का पद सँभाला, जिस पद को 1663 में आइज़ैक न्यूटन ने सँभाला था। फ़ेलो ऑफ़ द रॉयल सोसायटी और यू एस नैशनल एकेडमी ऑफ़ साइन्स के सदस्य, हॉकिन्स को आइन्स्टीन

के बाद सैद्धान्तिक भौतिकी के प्रबुद्ध वैज्ञानिकों में से एक माना जाता है।

ए एल एस ने अनेक कठिनाइयों को जन्म दिया जिन्हें हॉकिन्स वे चुनौतियाँ मानते थे जिनको जीतना आवश्यक था। तकनीक, अगाध आत्मबल और आशा ने उन्हें इन चुनौतियों को जीतने में मदद की। कैलिफ़ोर्निया में बनाए गए विशेष कम्पूटर उन्हें केवल दो उँगलियों की सहायता से संवाद करने में मदद करते हैं क्योंकि उनका अपने शरीर की गतिविधियों पर कोई नियन्त्रण नहीं है और अब वह बिलकुल भी नहीं बोल पाते। उनका शरीर पूरी तरह ए एल एस की गिरफ़्त में आ चुका है, लेकिन उनका दिमाग़ अभी भी इस रहस्य को सुलझाने का अथक प्रयास कर रहा है कि सृष्टि की रचना कैसे हुई।

हॉकिन्स ने एक बार कहा था, "मैं मृत्यु से नहीं डरता, लेकिन मुझे मरने की कोई जल्दी नहीं है। मैं उसके पहले बहुत कुछ करना चाहता हूँ।" वह ऐसे व्यक्ति हैं जिन्होंने कभी हार नहीं मानी, और न ही कभी मानेंगे।

ऑगस्टो और माइकेला ओडोन ख़ूबसूरत कोमोरॉस आइलैण्ड्स पर रहते थे जहाँ उनके पाँच साल के बेटे लोरेन्ज़ो को व्यवहार जनित परेशानियों का अनुभव होने लगा। शुरू में तो डॉक्टरों को लगा कि शायद ये विदेशी वातावरण के साथ तालमेल बिठाने में कठिनाई के ही कारण हो, लेकिन समय के साथ लोरेन्ज़ो की परेशानियाँ बढ़ने लगीं। उसकी स्मरण शक्ति खोने लगी, उसकी दृष्टि भी धुँधली होने लगी और वह बिना वजह के गिरने लगा। जब वह छः साल का था तो जाँच में एड्रेनोल्युकोडिस्ट्रोफ़ी (ए एल डी) नामक बीमारी पाई गई।

ए एल डी एक असाधारण वंशानुगत अनियमितता है जो कि एक्स क्रोमोज़ोम्स से सम्बद्ध है, इसलिए मुख्यतः पुरुषों में ही होती है। यह अधिकतर चार से दस साल के बच्चों में देखी गई है। उस बच्चे की हालत गिरती ही जाती है, कभी कभी तीव्रता से, व्यवहार जनित कठिनाइयाँ और अधिक बढ़ जाती हैं, तालमेल प्रभावित होता है, बहरापन और स्मरणशक्ति का खोना आम बात है, निगलने में कठिनाई होती है, दृष्टि भी कम होती जाती है और एक साल के अन्दर बच्चा पूरी तरह अपंग हो जाता है। इस रोग का अन्त मृत्यु ही है।

ओडोन परिवार ने सबसे अच्छे ए एल डी विशेषज्ञ, बाल्टिमोर में

डॉ. ह्यूगो मोसर से परामर्श लिया। चूँकि इसके के लिए कोई विशेष थेरेपी नहीं थी, लोरेन्ज़ो ने एक विशेष डायट के लिए एक क्लिनिक में प्रयोगात्मक रूप से प्रवेश ले लिया। उस डायट से कोई मदद नहीं मिली। ऑगस्टो और माइकेला ओडोन ये मानने को तैयार नहीं थे कि लोरेन्ज़ो मरने वाला था। उन्होंने हिम्मत नहीं हारी। अधिकतर माता पिता शायद हार जाते, पर वे नहीं हारे।

उन्होंने ए एल डी के बारे में पढ़ना शुरू किया और कई घण्टे मेडिकल लाइब्रेरी में प्रकाशित शोधों को पढ़ने में लगाए। उन्होंने ए एल डी पर सबसे पहला सम्मेलन आयोजित किया जिसमें उन्होंने दुनिया भर के विशेषज्ञों को बुलाया, जो इस रोग पर काम कर रहे थे। उन्होंने यह कल्पना करनी शुरू की कि ए एल डी किस कारण से होता है और क्या थेरेपी काम कर सकती है। दो साल में ओडोन परिवार को ये समझ में आया कि दो प्रकार के खाना बनाने के तेलों का मिश्रण उस एन्ज़ाइम को रोक सकता था जो फ़ैटी एसिड्स की लम्बी शृंखला को आवश्यकता से अधिक उत्पादित करता था। उन्होंने ये तेल लोरेन्ज़ो को एक फ़ीडिंग ट्यूब के माध्यम से देना शुरू किया। लोरेन्ज़ो की फ़ैटी एसिड्स का स्तर कम हो गया और ऑगस्टो ने अपनी खोज को प्रकाशित कर दिया। इन खोजों के आधार पर डॉ. मोसर को अपने सभी ए एल डी के नन्हें मरीज़ों को ये तेल देने का प्रोत्साहन मिला।

यू के का एक स्टैफ़ोर्ड परिवार यू एस पहुँचा और उन्होंने अपने बेटे बैरी को ये तेल देना शुरू दिया। स्टैफ़ोर्ड परिवार ने पाया कि उनका छोटा बेटा ग्लेन, जो केवल दो साल का था, लेकिन उसमें कोई लक्षण स्पष्ट नहीं थे, उसमें भी ये विकृत जीन थी। हालाँकि उसमें बीमारी के कोई लक्षण नहीं थे, फिर भी डॉ. मोसर ने ग्लेन को ये तेल देने का निश्चय किया।

लेकिन कुछ सालों में ये स्पष्ट हो गया कि लोरेन्ज़ोज़ तेल ए एल डी के बढ़ने को नहीं रोक सकता था। बैरी स्टैफ़ोर्ड और अन्य बच्चों की मृत्यु हो गई। लोरेन्ज़ो जीवित तो रहा, लेकिन उसकी हालत में कोई सुधार नहीं हुआ। डॉ. मोसर ने हार नहीं मानी। उन्होंने उन लड़कों को लोरेन्ज़ोज़ तेल देना शुरू कर दिया जिनमें वह जीन तो थी, लेकिन कोई लक्षण नहीं थे। उनके इस प्रयोग ने चमत्कारी परिणाम दिखाए। लोरेन्ज़ोज़ तेल शुरू करने के दस साल बाद भी 70 प्रतिशत लड़कों में कोई भी लक्षण विकसित नहीं हुआ। लोरेन्ज़ो को तो नहीं बचाया जा सका और उसकी तीस साल की उम्र में मृत्यु हो गई, लेकिन तब से लेकर अब तक अनेक जीवन बचाए जा सके

हैं। ग्लेन स्टैफ़ोर्ड, इस तेल को लेने वाला पहला लड़का आज बीस साल के बाद भी स्वस्थ है। आज ए एल डी के परिणाम बहुत अलग हैं। इस विकृत जीन वाले लड़कों को पहचाना जा सकता है, और लोरेन्ज़ोज़ तेल उन्हें यह अवसर दे सकता है कि इस घातक बीमारी के लक्षण उनमें विकसित नहीं हों। इसके लिए हम ऑगस्टो ओडोन, मिकेला ओडोन, डॉ. मोसर और स्टैफ़ोर्ड परिवार के सकारात्मक नज़रिए के लिए कृतज्ञ हैं।

एक डॉक्टर होने के नाते मुझे वे प्रकरण बहुत अचम्भित करते हैं, जो हमें मनुष्य शरीर की सीमाओं और 'असम्भव' शब्द की परिभाषा का पुनः आकलन करने को मजबूर करते हैं। ऐसा ही एक प्रकरण है जोडी मिलर, एक हँसमुख और शरारती बच्ची का। तीन साल की उम्र में जोडी को दौरे पड़ने लगे और उसे एन्टी एपिलेप्टिक दवा दी जाने लगी। उसके दौरों की पुनरावृत्ति और गम्भीरता बढ़ने लगी। कभी कभी तो ऐसा भी होता था कि उसे चौबीस घण्टों में 100 दौरे पड़ते थे। उसे और अधिक एन्टी एपिलेप्टिक दवाएँ दी गईं, लेकिन दवाओं का मिश्रण उसके दौरों को नियन्त्रित नहीं कर पाया। जोडी की हालत और बिगड़ गई। उसे आंशिक लकवा हो गया और वह चलने से लाचार हो गई। जोडी के माता पिता को बताया गया कि वह रास्मुसेन्स एन्सिफ़ैलिटिस (आर ई) नामक रोग से पीड़ित थी।

आर ई एक असाधारण मस्तिष्क रोग है जिसमें मस्तिष्क में सूजन हो जाती है और इसके परिणाम भयावह होते हैं। ये 500,000–10,00,000 व्यक्तियों में से किसी एक को होता है। इसका प्रभाव मस्तिष्क के केवल आधे भाग (या एक ही तरफ़) पर ही पड़ता है। आर ई अधिकतर सामान्य बच्चों में ही होता है। ये दो से दस साल की उम्र के बच्चों को प्रभावित करता है। इसके लक्षण हैं – निरन्तर दौरे, और सीखने की क्षमता में गिरावट। जैसे जैसे रोग बढ़ता जाता है, शरीर के एक तरफ़ के अंगों में कमज़ोरी बढ़ने लगती है। इन लक्षणों को बढ़ने में एक से दो साल लग जाते हैं। लेकिन इसके सही सही लक्षण अभी भी अज्ञात हैं। आर ई को ऑटो इम्यून रोग माना जाता है। बच्चे की अपनी ही रोग प्रतिरोधक कोशिकाएँ मस्तिष्क में प्रवेश करती हैं और सूजन और क्षति करती हैं। सम्भवतः किसी वायरल इन्फ़ेक्शन से इसकी शुरुआत होती है। सूजन से मस्तिष्क को स्थाई क्षति पहुँचती है, और मस्तिष्क सिकुड़ जाता है जो कि दौरों से और ज़्यादा बिगड़ जाता है।

चूँकि दौरे निरन्तर बढ़ते जाते हैं अतः इसका एकमात्र उपाय है मौलिक सर्जरी। यहाँ मौलिक शब्द का बहुत ही हल्के संदर्भ में प्रयोग किया गया है। इस सर्जरी में आधे मस्तिष्क को निकाल दिया जाता है। जी हाँ, आधा मस्तिष्क। इस प्रक्रिया को रैडिकल हेमिस्फ़ेरेक्टोमी कहा जाता है।

जब जोडी के माता पिता को बताया गया कि इस बीमारी का एकमात्र इलाज रैडिकल हेमिस्फ़ेरेक्टोमी है, तो उन पर तो मानो गाज ही गिर गई। किसी भी माँ बाप को ऐसा ही लगता। ज़रा कल्पना कीजिए कि एक माता पिता होने के नाते ये बताया जाए कि एकमात्र कारगर इलाज है आपके बच्चे के मस्तिष्क का आधा भाग निकाल देना... 10, 20 या 30 प्रतिशत नहीं, पूरा 50 प्रतिशत। किसी भी इलाज की इन्तिहा और क्या हो सकती है? हम जानते हैं कि मस्तिष्क का प्रत्येक भाग शरीर के विशिष्ट कार्यों को नियन्त्रित करता है, जैसे कि बोलना, देखना और सुनना। कुछ ऐसे क्षेत्र जो महत्त्वपूर्ण कार्यों को नियन्त्रित करते हैं, मात्र कुछ सेंटीमीटर छोटे हैं। जब छोटे हिस्सों को निकालने से ही शरीर के सामान्य कार्यों पर प्रभाव पड़ सकता है तो आधे मस्तिष्क को निकाल देने का परिणाम क्या होगा?

मिलर परिवार को ये समझ आ गया कि क्योंकि ये रोग मस्तिष्क के केवल आधे ही भाग को प्रभावित करता है, उस आधे भाग को निकाल देने से दौरे आना बन्द हो जाएँगे। लेकिन शरीर के उन बाक़ी कार्यों का क्या होगा जिन्हें मस्तिष्क का वह आधा भाग नियन्त्रित करता है? ये जोडी के माता पिता की सबसे बड़ी चिन्ता थी। क्या वह अपने हाथ पैरों का प्रयोग कर पाएगी? क्या वह बोलना, पढ़ना और लिखना कर पाएगी? क्या वह स्कूल जा पाएगी? क्या वह अपनी वैसी खुशहाल ज़िन्दगी जी पाएगी जो आर ई रोग होने के पहले थी?

उस परिवार ने डॉ. बेन कार्सन से परामर्श लेने का निश्चय किया, जो बच्चों के प्रसिद्ध न्यूरोसर्जन हैं और जो विशेषज्ञ सलाह देने के लिए हमारे हॉस्पिटल में भी आए थे। डॉ. कार्सन ने समझाया कि आधे मस्तिष्क को निकाल देने से दौरे पड़ना बन्द हो जाएँगे। उस आधे भाग के निकल जाने के बाद बनने वाले ख़ाली स्थान को तरल पदार्थ भर देगा। एक बच्चे के मस्तिष्क में न्यूरोप्लास्टी अधिक होती है, जो मस्तिष्क के बचे हुए आधे भाग के न्यूरॉन्स को खोये हुए न्यूरॉन्स का कार्य सँभालने देते हैं। तो, एक तरह से मस्तिष्क में स्वयं को पुनः जोड़ने की क्षमता होती है। हालाँकि दूसरी तरफ़

के हाथ के कार्य नहीं हो पाते, बच्चे अपने स्वस्थ हाथ पैरों का प्रयोग करने की आदत डाल लेते हैं। जब भाषा का भाग निकाल दिया जाता है, तब भी उनके भाषा सम्बन्धी कौशल को काफी हद तक वापस पाया जा सकता है। बच्चे पहले का सीखा हुआ नहीं भूलते। सर्जरी के समय बच्चा जितना छोटा होगा, उसकी हालात के अनुसार ढलने की क्षमता उतनी ही बेहतर होगी। उन्होंने बताया कि सर्जरी तो बारह घण्टे ले सकती है, लेकिन बच्चे के स्वस्थ और सामान्य होने में कई हफ़्ते और महीने लग सकते हैं। डॉ. कार्सन ने उन्हें आश्वासन दिया कि जोडी पहले से बेहतर हो जाएगी।

जोडी के परिवार ने अपने जीवन का सबसे कठिन निर्णय लिया और सर्जरी के लिए स्वीकृति दे दी, क्योंकि यही उनकी आख़िरी उम्मीद थी। हेमिस्फ़ेरेक्टोमी निर्बाध रूप से हो गई, लेकिन ऑपरेशन के बाद का समय ही परीक्षा का समय था। जोडी को लम्बे समय तक रीहैबिलिटेशन से गुज़रना पड़ा और आख़िरकार उसकी शक्ति वापस आ ही गई। दौरे आने बन्द हो गए और आधे मस्तिष्क के साथ उसके शरीर के कार्य पुनः सुचारू रूप से होने लगे। धीरे धीरे, लेकिन निश्चित तौर पर, वह स्वस्थ हो गई।

जोडी ने स्कूल जाना शुरू कर दिया। आठ साल की उम्र में वह दूसरे ग्रेड में प्रथम आई। उसने अपनी यूनिवर्सिटी की डिग्री पूरी की। अब जोडी टीचर बनना चाहती है। उसकी माँ, लिन, हेमिस्फ़ेरेक्टोमी फ़ाउन्डेशन में आर ई की स्पेशियलिटी डायरेक्टर हैं और अन्य परिवारों को आर ई का सामना करने में मदद कर रही है। इस मामले में शायद लिन से बेहतर वकालत कोई नहीं कर सकता। वह जानती है कि आर ई पीड़ित बच्चे की देखभाल करना क्या होता है, इस परिस्थिति का सामना करने में क्या कठिनाइयाँ आती हैं, रैडिकल सर्जरी के लिए स्वीकृति देने के लिए कितनी शक्ति जुटानी पड़ती है, और सर्जरी के बाद अपने बच्चे को धीरे धीरे एक एक क़दम करके, एक एक कार्य करने के लिए, ठीक होता देखने के लिए कितने धैर्य की आवश्यकता होती है। लेकिन इन सबसे ऊपर, वह ये जानती है कि कैसे सबसे ये कहना है कि कभी भी हिम्मत नहीं हारें।

फ्रेया को एक दिन में 200 दौरे पड़ते थे। उसने 2010 में मेल्बर्न में हेमीस्फ़ेरेक्टोमी सर्जरी कराई और अब दौरों से मुक्त है। कैमरॉन मॉट ने नौ साल की उम्र में ये सर्जरी कराई और छः साल बाद वह एक बैले नृत्यांगना बनना चाहती है। सात साल की गेमा हॉक्ली, जो दाएँ हाथ से काम करती

थी, उसका मस्तिष्क के बाएँ भाग को निकाल दिया गया। चार साल बाद वह अपने पसंदीदा खेल सॉकर और बास्केटबॉल खेल रही थी। स्कूल में गेमा को उसकी साफ़ सुथरी लिखावट के लिए बहुत मान्यता मिली, जो कि एक असाधारण उपलब्धि है, क्योंकि अब वह बाएँ हाथ से लिखती है।

इस सर्जरी से अनेक बच्चों को लाभ मिला है। ज़रा कल्पना कीजिए आधे मस्तिष्क के साथ न सिर्फ़ कार्य करना, बल्कि सर्वश्रेष्ठ कार्य करना। जब आर ई से पीड़ित बच्चे, जिन्हें स्वस्थ होने के लिए अपना आधा मस्तिष्क खोना पड़ता है, और उनके माता पिता आशा नहीं छोड़ते, तो हम में से कोई भी कैसे निराश हो सकता है?

पिछले कुछ दशकों में, डॉ. कार्सन ने अपने सर्जरी के तकनीकों को नया रूप दिया दिया है। जहाँ पहले वह संपूर्ण आधे मस्तिष्क को एक ही बार में निकाल देते थे, अब वो इसे थोड़ा थोड़ा करके निकालते हैं। इससे बाक़ी के आधे मस्तिष्क पर ज़ोर कम पड़ता है और परिणाम भी बेहतर होता है।

हम सब कितना कुछ करना चाहते हैं। अक्सर हम प्रयास करते हैं, और फिर छोड़ देते हैं। हमारे पास छोड़ देने के न्यायसंगत कारण होते हैं या कम से कम हम ऐसा सोचते हैं कि कारण न्यायसंगत हैं। मैं जब भी सुनता हूँ कि लोगों ने हिम्मत छोड़ दी तो मैं उन्हें गम्भीर रोगों से ग्रसित बच्चों के परिवार के सकारात्मक जोश के बारे में बताता हूँ। उनके लिए तो हर दिन एक युद्ध है। ज़रा कल्पना कीजिए, दर्दनाक इन्जेक्शन और जाँच, बार बार अस्पताल में भर्ती होना, थेरपी के साइड इफ़ेक्ट्स और इन्फ़ेक्शन की सम्भावनाओं का सदमा कैसा होता होगा। अन्तिम परिणाम की अनिश्चितता के बावजूद, ये परिवार कितनी बहादुरी से चुनौतियों का सामना करते हैं।

डॉक्टर कितने भाग्यशाली हैं कि जब जब वे हिम्मत हारने लगते हैं तो जिन मरीज़ों का वे इलाज करते हैं, उनके परिवार उन्हें हिम्मत नहीं हारने के लिए प्रेरित करते हैं। जब भी मुझे ऐसा लगता है कि परिस्थितियाँ बहुत चुनौतीपूर्ण हैं, तो मुझे बस इतना करना होता है कि अस्पताल में भर्ती बच्चों के साथ कुछ अतिरिक्त समय बिताऊँ। उनकी तुलना में मेरी चुनौतियाँ तो बहुत तुच्छ प्रतीत होती हैं।

जीवन मे असली कठिनाइयाँ क्या हैं, इसका सही आकलन करने के लिए शिक्षकों और अभिभावकों को अस्पताल ज़रूर जाना चाहिए। एक संक्षिप्त

वार्तालाप असाध्य लगने वाली चुनौतियों के प्रति उनका नज़रिया बदल देगा।

जब देवांग अपने जीवन में कठिनाइयों की बात करता है, तो मुझे उसे सिर्फ़ ये याद दिलाना पड़ता है कि उसके पास क्या है।

*आशा से बढ़कर कोई दवाई नहीं, आने वाले कल से बढ़कर कोई
भी बड़ा प्रोत्साहन और कोई शक्तिशाली टॉनिक नहीं है।*

— ओरिसन स्वेट मार्डन

संकल्प

सफलता कभी भी अन्तिम नहीं होती, असफलता कभी भी घातक नहीं होती : आगे बढ़ते रहने का साहस ही प्रमुख होता है।

—विन्स्टन चर्चिल

2010 में आई फ़ोन का एक नया मॉडल लॉन्च किया गया। देवांग उसे 'कितना स्मार्ट है' कहकर उसके लिए बड़े जोशीले प्रकरण बनाने लगा और उसके गुणों को बखान करते हुए कहने लगा, 'टेक्नोलॉजी अद्‌भुत है', 'इसका टच स्क्रीन कितना चिकना है', 'हर कोई ख़रीद रहा है' और ज़िद करने लगा, 'प्लीज़, प्लीज़, क्या मुझे भी एक आई फ़ोन मिल सकता है?' स्टीव जॉब्स सही मायने में जानते थे कि लोगों को एपल उत्पादों के प्रति कैसे उत्साहित किया जाए। देवांग में जो उत्साह साफ़ नज़र आ रहा था, उसका फ़ायदा उठाते हुए मैंने स्टीव जॉब्स के जीवन पर एक चर्चा शुरू करने का निश्चय किया। देवांग में भी सुनने का बहुत जोश था। शायद एपल उसके रोज़ के जीवन का इस हद तक हिस्सा बन गया था कि वह जॉब्स के बारे जानना चाहता था।

जॉब्स का जीवन उतार चढ़ाव और संकल्प से भरा हुआ था।

ज़रा कल्पना कीजिए, छः महीने बाद कॉलेज छोड़ देना, और इक्कीस साल की उम्र में इतिहास में किसी भी कंपनी से अधिक करोड़पतियों के साथ एक 2 अरब यू एस डॉलर की कंपनी बनाना, अपने ही द्वारा स्थापित कंपनी से निकाल दिया जाना, एक नई कंपनी बनाना और दूसरी को ख़रीदना, जिस कंपनी ने उन्हें निकाला था, उसी में वापस बुलाकर उसका सी ई ओ बनाया जाना, या आठ साल तक एक असाधारण कैंसर से युद्ध करने के बाद छप्पन साल की उम्र में गुज़र जाना। जॉब्स ने इनमें से किसी एक काम को नहीं किया; जॉब्स ने ये *सभी* काम किए।

कॉलेज छोड़ देने के बाद जॉब्स होमब्रू कम्प्यूटर क्लब की मीटिंग्स में जाने लगे। ये कम्प्यूटर प्रेमियों का ग्रुप था। यहाँ उनकी मुलाक़ात स्टीव वोज़नियाक से हुई, और उन्होंने साथ काम करने का निश्चय किया। 1976 में जॉब्स और वोज़नियाक ने मिलकर एपल कम्प्यूटर, इंक नामक कंपनी जॉब्स के माता पिता के गैराज में शुरू की। वोज़नियाक के अनुसार जॉब्स ने ये नाम एक सेब के बागान में हुई सभा में जाने के बाद रखा था।

उनका पहला उत्पाद था एपल-1। ये एक बिना केस, कीबोर्ड या मॉनिटर वाला कम्प्यूटर था। एक साल के अन्दर ही वे दोनों एपल-2 के साथ तैयार थे, जो बहुत ही सफल रहा। पच्चीस साल की उम्र में, स्टीव की मिल्कियत 100 मिलियन यू एस डॉलर थी।

एपल कम्प्यूटर, इंक स्थापित करने के सात साल बाद जॉब्स पेप्सी कोला कंपनी में जॉन स्कली के पास गए और उनसे पूछा, "क्या तुम जीवन भर मीठा पानी ही बेचना चाहते हो या मेरे साथ आकर दुनिया बदलना चाहते हो?" तो स्कली एपल के सी ई ओ बन गए।

जॉब्स और स्कली की प्रबन्धन शैली अलग थी, और जल्दी ही दोनों के बीच सत्ता को लेकर मतभेद शुरू हो गए। गिरती हुई बिक्री ने स्थिति को और भी बिगाड़ दिया। जब सेकण्ड जेनरेशन मैक को सकारात्मक प्रतिक्रिया नहीं मिली तो दोनों अलग होने की कगार पर पहुँच गए। कंपनी का उत्थान कैसे किया जाए, इस विषय पर दोनों में मतभेद हो गया और स्कली बोर्ड से शिकायत करने पहुँच गए। बोर्ड ने स्कली को समर्थन देने का निर्णय लिया और जॉब्स को कंपनी से निकाल दिया गया।

तो फिर जॉब्स ने क्या किया? वह कॉफ़ी का बीज बन गए। कॉफ़ी का बीज? आप पूछना चाहेंगे। मैं समझाता हूँ।

एक जवान लड़की जिसका जीवन मुश्किलों से भरा हुआ था, अपनी माँ के पास सलाह माँगने गई। माँ ने बहुत धैर्यपूर्वक उसकी अन्तहीन चुनौतियों का रोना सुना और फिर उसे रसोई में ले गई। उसने तीन बर्तनों में पानी भरा और उन्हें चूल्हे पर चढ़ा दिया। जब पानी उबलने लगा तो माँ ने एक बर्तन में गाजर, दूसरे में अण्डे और तीसरे में कॉफ़ी के बीज डाल दिए। थोड़ी देर बाद उसने चूल्हा बन्द कर दिया और तीनों बर्तन बाहर ले आई और अपनी बेटी से पूछा, "इन बर्तनों में तुम्हें क्या दिखता है?"

"गाजर, उबले अण्डे और कॉफ़ी", उसकी बेटी ने जवाब दिया। "और क्या दिखता है?" माँ ने पूछा। "माँ, गाजर नरम पड़ गई है, अण्डे उबल कर सख़्त हो गए हैं और कॉफ़ी की ख़ुशबू बहुत अच्छी आ रही है। तो इन सबसे आप मुझे क्या बताना चाह रही हैं?" माँ ने जवाब दिया, "पहले गाजर बहुत सख़्त थी, लेकिन उबलने के बाद वह नरम और कमज़ोर हो गई, अण्डे अपने सुरक्षात्मक छिलके के अन्दर बहुत नरम थे, लेकिन उबलने के बाद वे अन्दर से बहुत सख़्त हो गए। कॉफ़ी के बीजों ने पानी का रंग और स्वाद बदल दिया। तो, तुम क्या बनना चाहती हो?"

तो जॉब्स ने, अपने कॉफ़ी के बीज वाले स्वरूप में, एक और कंपनी शुरू की। उन्होंने उसका नाम नेक्स्ट रखा। सात साल के बाद उन्होंने आधे कर्मचारियों को निकाल दिया और फ़ैक्टरी बन्द कर दी और सॉफ़्टवेयर विकसित करने पर ध्यान केन्द्रित करने का निर्णय लिया। दस साल बाद एपल ने उस कंपनी को 400 मिलियन यू एस डॉलर में ख़रीद लिया।

जिस साल जॉब्स ने नेक्स्ट कंपनी शुरू की थी, उस साल उन्होंने एक कम्प्यूटर एनिमेशन स्टूडियो ख़रीदा, और उसके प्रयोग से *टॉय स्टोरी*, *द इन्क्रेडिबल्स* और *कार्स* जैसी फ़िल्मों की सफलता में बड़ा योगदान दिया। एपल से निकाले जाने के दस साल बाद वह अरबपति बन गए। अगले साल, उन्हें एपल से दोबारा जुड़ने का प्रस्ताव मिला।

अपने नए अवतार में जॉब्स ने एपल ने अनेक महत्त्वपूर्ण बदलाव किए। उन्होंने बहुत से मैनेजर्स को निकाल दिया और विभागीय ढाँचे को तोड़ दिया। उन्होंने टिम कुक को नौकरी पर रखा, जो आगे चलकर एपल के सी ई ओ बने। उद्योग में जो लोगों की रुचि जगी, वह केवल उनके द्वारा लाए गए बदलावों के कारण नहीं थी, बल्कि उनके तरीक़ों और उनकी शैली की वजह से भी थी। जहाँ पहले वे दूसरों के विचारों की आलोचना करते थे और अगर विचारों में भिन्नता होती तो उन्हें सुनने का उनमें धैर्य भी नहीं था, वहीं अब जॉब्स एक खुले दिमाग़ से सबसे पेश आते थे।

एक बार जॉब्स ने कहा था, "मेरे बिज़नेस के लिए द बीटल्स मेरा आदर्श हैं। वे चार लोग थे, जो एक दूसरे की नकारात्मक प्रवृत्तियों को नियन्त्रण में रखते थे; वे एक दूसरे के संतुलन को बनाए रखते थे। उनके संयुक्त कार्य का मूल्य उनके निजी भागों के कुल से अधिक था। बिज़नेस

में कोई भी महान कार्य किसी एक व्यक्ति द्वारा नहीं किया जाता उसे लोगों की एक टीम के द्वारा किया जाता है" (जॉब्स ऐंड बेहम, 2011)। ये किशोर जॉब्स के काम करने के अन्दाज़ से बिलकुल अलग था। अब कर्मचारियों में काम करने का उत्साह था, और उन्हें अपने रोज़ के काम में गर्व महसूस होता था। इसका नतीजा ये हुआ कि बहुत से नए उत्पादों का सृजन हुआ।

2005 में स्टैनफ़ोर्ड यूनिवर्सिटी में दिए गए एक भाषण में जॉब्स ने कहा कि एपल से निकाला जाना उनके लिए बहुत ही अच्छा साबित हुआ। इससे अच्छा कुछ नहीं हो सकता था : "फिर से नई शुरुआत करने के हल्केपन ने सफल होने के बोझ की जगह ले ली, मैं हर बात के बारे में कम निश्चयात्मक था। इसने मुझे अपने जीवन के सबसे रचनात्मक दौर में प्रवेश करने की आज़ादी दी।" उन्होंने आगे कहा, "मुझे पूरा विश्वास है कि इन सब (नेक्स्ट, पिक्सर, आई पॉड और आई ट्यून्स) में से कुछ भी नहीं होता अगर मुझे एपल से निकाला नहीं जाता। ये बहुत ही कड़वी दवाई थी, लेकिन शायद मरीज़ को इसकी ज़रूरत थी" (कौल, 2009)।

जॉब्स का दर्शन मार्क ट्वेन की तरह स्पष्ट था : "अब से बीस साल बाद, आप उन सब चीज़ों से ज़्यादा निराश होंगे जो आपने नहीं कीं, बजाय उसके जो आपने कीं। इसलिए, सभी गाँठों को खोल दो। अपने सुरक्षित किनारे से दूर निकलो। वक़्त की हवा के बहाव को अपनी नाव के पाल में भर लो।"

जॉब्स के ठीक विपरीत, हम में से अधिकतर लोग असफलता के प्रति बहुत ही नकारात्मक प्रतिक्रिया दिखाते हैं। झुंझलाहट, क्रोध, और निराशा सबसे आम प्रतिक्रियाएँ हैं। जब हमें अपना मनचाहा प्रोमोशन नहीं मिलता, कोई प्रोजेक्ट असफल हो जाता है या हमें अपनी इच्छा के अनुरूप परिणाम नहीं मिलता तो मानो सारा आसमान ही हमारे ऊपर गिर पड़ता है। हमारे बच्चे भी ऐसी ही प्रतिक्रिया दिखाते हैं। स्पोर्ट्स टीम में चयन नहीं होना, संगीत समूह या जोशीले भाषण में शामिल नहीं हो पाना, इन सबको एक बहुत बड़ी निराशा के रूप में देखा जाता है। पूर्ण रूप से आदर्श नहीं बन पाना एक बहुत बड़ी विपत्ति के रूप के देखा जाता है।

देवांग ने सोचा था कि वह स्कूल का हेड बॉय बनेगा। अपने स्वयं के मूल्यांकन के अनुसार, उसके अंक अच्छे थे और वह उस पद के योग्य

था। लेकिन जब घोषणा की गई तो देवांग बहुत उदास हो गया। उसे हेड बॉय नहीं बल्कि डेप्यूटी हेड बॉय बनाया गया था। नन्दिनी और मैंने उससे बात करने का निश्चय किया। "तुम्हें तो आभारी होना चाहिए कि तुम्हारा डेप्यूटी हेड बॉय के रूप में चयन हुआ है। ये तो बड़े गौरव की बात है।" जब इससे बात नहीं बनी तो हमने उसे दूसरे कारण बताने का प्रयास किया, "तुम्हें कम ज़िम्मेदारियाँ उठानी पड़ेंगी", "तुम्हारे पास अपना मनचाहा काम करने के लिए ज़्यादा समय रहेगा", "तुम्हारे पास पढ़ने के लिए ज़्यादा समय रहेगा और दबाव भी कम रहेगा।" लेकिन किसी बात से उसे शान्ति मिलती नहीं दिख रही थी। ख़ैर, आने वाले कुछ दिनों में उसकी निराशा धीरे धीरे कम होती गई।

तीन साल बाद, देवांग ने अपने कॉलेज, हिन्दू कॉलेज, की कॉमर्स सोसायटी का प्रेसिडेन्ट बनने की इच्छा ज़ाहिर की। हमने उसे यही सलाह दी, "स्कूल में मिली असफलता को खुद को परेशान मत करने देना। एडमन्ड हिलेरी को याद करो, जो एवरेस्ट पर चढ़ने के अपने पहले प्रयास में असफल हो गया था, लेकिन वह अपने आपको तब तक और भी अधिक प्रशिक्षित करता रहा जब तक वह सफल नहीं हो गया। सोच के देखो कि इस बार तुम क्या अलग कर सकते हो।" देवांग प्रेसिडेन्ट बन गया। जब हमने उसे बधाई दी तो हमने उससे कहा कि उसे ये याद रखना चाहिए कि जब वह अगली बार कुछ करना चाहे तो असफल हो सकता है। सफलता, असफलता और फिर और अधिक सफलता, बस यही तो जीवन है। इन सबका सामना करने की एक ही कुँजी है, और वह है गिरने के बाद उठने का दृढ़ संकल्प।

तो अगली बार जब हमारे बच्चे असफलता का स्वाद चखने पर निराश हो जाएँ तो हमें उन्हें संकल्प के बारे में याद दिलाना चाहिए। हमारी इस बात को बेहतर रूप से समझाने के लिए शायद एपल का कोई उत्पाद आसपास ही रहेगा।

असफलता से सफलता को विकसित करो। हतोत्साहित होना और असफलता सफलता तक पहुँचने की दो सुनिश्चित सीढ़ियाँ हैं।

—डेल कार्नेगी

देने का जज़्बा

जब ईश्वर तुम्हें आर्थिक रूप से सम्पन्नता का आशीर्वाद दे तो अपना जीने का स्तर ऊपर मत उठाओ। अपने देने का स्तर ऊपर उठाओ।

—मार्क बैटर्सन

2009 की फ़ोर्ब्स बिलियनेयर्स सूची अभी घोषित की गई थी। जब हम ख़बर सुन रहे थे, देवांग बोला, "हर साल वही कहानी होती है। फिर से बिल गेट्स ही दुनिया के सबसे अमीर व्यक्ति हैं। कितना उबाऊ है ये सब।" "हाँ, जहाँ एक ओर वे इस धरती के सबसे अमीर व्यक्ति हैं, वहीं क्या तुम ये जानते हो कि दूसरी ओर वे ऐसे व्यक्ति भी हैं जिन्होंने दूसरों की तुलना में सेवा और दान के लिए सबसे ज़्यादा दिया भी है? उनका फ़ाउन्डेशन जिन प्रॉजेक्ट्स का समर्थन करता है, उसका निरीक्षण करने वे अक्सर भारत आते हैं। वह हमेशा ही दूसरों को देने के अवसरों की तलाश में रहते हैं। क्या तुम बिल गेट्स के बारे में जानना नहीं चाहोगे, एक ऐसा व्यक्ति जिसने हमारे जीने के तरीक़े को ही बदल दिया?" मैंने पूछा, इस आशा से शायद देवांग "हाँ" कहे।

"शायद मैं जानना चाहूँ, क्योंकि यदि वह नहीं होते तो आज हमारे पास विन्डोज़ नहीं होता।"

इस तरह हम पिता पुत्र फिर से एक और शोध कार्य में जुट गए और हमें व्यस्त रखने के लिए हमें बहुत कुछ मिला। माइक्रोसॉफ़्ट की स्थापना करने के लिए बिल गेट्स ने अपना कोर्स पूरा किए बिना ही हावर्ड छोड़ दिया। इकत्तीस साल की उम्र में वह दुनिया के सबसे कम उम्र के स्वनिर्मित अरबपति बने। उनके नेतृत्व में माइक्रोसॉफ़्ट दुनिया की सबसे सफल

कॉर्पोरेशन बनी। 1998 में वह दुनिया के सबसे अमीर व्यक्ति बन गए और तब से 2010 और 2011 को छोड़ कर उस पदवी पर निरन्तर बने हुए हैं। 2014 में उनकी मिल्कियत 81.5 अरब डॉलर थी।

चौंसठ साल की उम्र में उनकी माँ की स्तन कैन्सर के कारण असमय मृत्यु हो जाने के बाद बिल गेट्स ने ऐसी संस्थाओं की स्थापना की जो उन मुद्दों को सम्बोधित करती थीं जो उनकी माँ के दिल के क़रीब थे। जब गेट्स शादी कर रहे थे, तब उनकी माँ ने उनकी दुल्हन मेलिन्डा को लिखा था, "जिन्हें बहुत कुछ दिया जाता है, उनसे बहुत कुछ की आशा भी की जाती है।" 2000 में, मेलिन्डा के साथ गेट्स ने बिल ऐंड मेलिन्डा गेट्स फ़ाउन्डेशन की स्थापना की। गेट्स फ़ाउन्डेशन 100 से अधिक देशों मे और यू एस के हर राज्य में शिक्षा, कृषि, वित्तीय सेवाओं, सूचना प्रौद्योगिकी और स्वास्थ्य परियोजनाओं का समर्थन करता है। यह ध्यान देने लायक़ बात है कि सबसे अधिक राशि का आवंटन स्वास्थ्य के क्षेत्र में हुआ है, वह भी टीकाकरण के प्रचार के लिए। पोलियो को जड़ से ख़त्म करना गेट्स के लिए एक मिशन बन गया है।

2014 तक, बिल और मेलिन्डा 30.1 अरब यू एस डॉलर दान कर चुके थे। प्रशंसनीय बात ये है कि उनकी सम्पत्ति का 95% उनके फ़ाउन्डेशन के लिए सुरक्षित है, जो उनके गुज़र जाने के बीस साल के अन्दर सारा पैसा ख़र्च कर देगा।

गेट्स ने एक बार एक साक्षात्कार में कहा था, "एक हद के बाद पैसों मेरे लिए कोई उपयोग नहीं है। इसका पूर्ण उपयोग एक संस्था को बनाने और दुनिया के सबसे ग़रीब लोगों तक संसाधन पहुँचाने में है" (ट्वीडी, 2013)। 2007 में, हावर्ड के अपने प्रसिद्ध शुरुआती भाषण में उन्होंने कहा था कि इस फ़ाउन्डेशन की परिकल्पना उन्होंने तब की थी जब उन्होंने सोचना शुरू किया, "हम अपने संसाधनों से अधिकतम लोगों के लिए सबसे अच्छा काम कैसे कर सकते हैं?" (गेट्स, 2007)।

वारेन बफ़े और बिल गेट्स 1991 से मित्र रहे हैं। सन् 2000 से, बफ़े दुनिया के चार सबसे अमीर लोगों में से एक थे। 2006 में, उन्होंने एक नाटकीय घोषणा की कि वह अपने बर्कशायर हैथवे स्टॉक का 85 प्रतिशत दान के लिए दे देंगे, जिसमें से अधिकतर बिल ऐंड मेलिन्डा गेट्स फ़ाउन्डेशन को दिया जाएगा। 2014 तक बफ़े ने 17 बिलियन यू एस डॉलर से अधिक राशि

गेट्स फ़ाउन्डेशन को उपहार स्वरूप दे दी थी। जो बात बफ़े की उदारता को असाधारण बनाती है वह ये तथ्य है कि उन्होंने अपने नाम से मानव कल्याण हेतु दुनिया की सबसे बड़ी संस्था बनाने की बजाय अपना पैसा एक सुस्थापित सेवा संस्था को देने का निश्चय किया।

गेट्स और बफ़े ने मिलकर 'द गिविंग प्लेज' नामक संस्था बनाई है। 2009 में बनाई गई ये संस्था विश्व भर के धनाढ्य व्यक्तियों को अपना पैसा मानव कल्याण हेतु प्रतिबद्ध करने के लिए प्रोत्साहित करती है। 2014 तक 127 अरबपति व्यक्ति प्रतिबद्धता पर हस्ताक्षर कर चुके थे, और उन्होंने मिलकर 200 अरब यू एस डॉलर अधिक की राशि प्रतिबद्ध की थी। अज़ीम प्रेमजी, विप्रो के अध्यक्ष, ने 2.3 अरब यू एस डॉलर प्रतिबद्ध किए और भारत से सबसे अधिक योगदान देने वाले व्यक्ति बने। जहाँ एक ओर बिल गेट्स, वारेन बफ़े और अन्य अरबपतियों की उदारता प्रशंसनीय है, वहीं दूसरी ओर यह प्रश्न उठता है कि क्या उदार होने के लिए अमीर होना आवश्यक है? बिलकुल भी नहीं।

जॉर्ज मुनोज़ कोलम्बिया का आप्रवासी है जो न्यू यॉर्क में रहता है। दिन में तो वह एक स्कूल बस चलाता है, लेकिन शाम को उसने एक और भी महत्त्वपूर्ण काम लिया हुआ है : वह क्वीन्स के मकान बनाने वाले भूखे मज़दूरों को खाना खिलाता है। मुनोज़ खाना खिलाने की योजना बनाने के लिए सवेरे 4:45 पर उठता है। जब वह काम से लौटता है तो अपने ट्रक में वह सारा खाना भरता है, जो उसकी माँ बनाने में उसकी मदद करती हैं। रात 9:30 बजे, वह दर्जनों मज़दूरों को खाना बाँटता है। इस काम में वह हर हफ़्ते 200 यू एस डॉलर ख़र्च करता है, जो कि उसकी कमाई का एक तिहाई भाग है। मज़दूरों को रोज़ खाना खिलाने के इस मिशन के कारण उसके पास अपने दोस्तों, रुचियों और ख़ाली समय के लिए वक़्त ही नहीं बचता। जब उससे पूछा गया कि इसके लिए उसे प्रेरणा कहाँ से मिलती है, तो वह बोला, "मैं जानता हूँ कि वे लोग मेरा इन्तज़ार कर रहे हैं, और मुझे उनकी चिन्ता रहती है। तुम्हें उनके चेहरे की मुस्कान देखनी चाहिए। बस, इसी तरह मुझे मेरे किए की क़ीमत मिल जाती है।" अगर उनका देवदूत मुनोज़ नहीं होता तो दर्जनों मज़दूरों को ये पता नहीं होता कि उनका अगला भोजन कहाँ से आने वाला है (एलिक, 2007)।

पी कल्याणसुन्दरम, जिन्हें 'भारत का सर्वश्रेष्ठ लाइब्रेरियन' के रूप में

जाना गया और जो 'विश्व के दस सर्वश्रेष्ठ लाइब्रेरियन में से एक' थे, एक प्रशंसनीय जीवन जीते थे। जब भारत 1962 में युद्ध में लगा हुआ था, तब वह कॉलेज में पढ़ते थे, और वे अपनी सोने की चेन दान में देना चाहते थे। मुख्यमंत्री ने उन्हें यह कहकर वापस भेज दिया कि कोई ऐसी चीज़ दान में दो, जो तुमने खुद कमाई हो। इस घटना ने उसके किशोर मन गहरी छाप छोड़ी। पैंतीस साल तक वह ज़रूरतमन्दों की मदद करने के लिए अपनी पूरी तनख़्वाह दान करते रहे। अपनी रोज़ की ज़रूरतों को पूरा करने के लिए उन्होंने दूसरे छोटे मोटे काम किए। 'पालम' उनके द्वारा स्थापित संस्था है, जो दान और योगदान इकट्ठा करती है और ज़रूरतमन्दों में बाँटती है।

एक बाल रोग चिकित्सक होने के नाते मैंने अपने अनुभवों में दूसरों को दान के दिल को छू देने वाले प्रकरण देखे हैं। निहाल उपाध्याय को जब मैंने पहली बार देखा, तो वह सिर्फ़ नौ महीने का था। उसे हमारे पास गुवाहाटी से भेजा गया था। उसके लिवर में सूजन थी। जीवन के शुरुआती कुछ हफ़्तों में ही उसे पीलिया हो गया था और उसके लिवर में धब्बा पड़ गया था (जिसे सिरॉसिस कहते हैं)। निहाल के लिए एकमात्र इलाज था लिवर ट्रांसप्लान्ट।

निहाल की बुआ एक उचित डोनर प्रतीत हो रही थीं। परिवार ने तो बच्चे को बचाने के लिये दृढ़ संकल्प लिया हुआ था, लेकिन उन्होंने ट्रांसप्लान्ट के लिए राशि जुटा पाने में असमर्थता जताई। हॉस्पिटल और क्लीनिकल टीम ख़ुशी ख़ुशी मुफ़्त में ट्रांसप्लान्ट करने को तैयार थे, लेकिन फिर भी दवाइयों और अन्य ख़र्चों के लिए पैसा चाहिए था। मैंने एक टीवी चैनल से दान के लिए अपील को प्रसारित करने का निवेदन करने का निश्चय किया। अगले दिन मेरे पास भूतपूर्व क्रिकेटर, टीवी कमेन्टेटर और होस्ट नवजोत सिंह सिद्धू का फ़ोन आया और उन्होंने मुझसे पूछा कि हमें कितने रुपयों की आवश्यकता थी। मैंने उनसे कहा, "कृपया आप जितना उचित समझें, दे दें।" नवजोत ने हमें 18 लाख रुपये का चेक भेज दिया। उसमें से 6 लाख रुपये इस्तेमाल हुए और बाक़ी के बारह लाख को फ़िक्स्ड डिपॉज़िट में डाल दिया गया। उस पर मिलने वाले ब्याज से निहाल के लिए ज़रूरी ऐंटी रिजेक्शन दवाइयों का ख़र्चा पूरा किया जाता है। नवजोत को प्रचार नहीं चाहिए था। जब हम अपनी कृतज्ञता व्यक्त करने के लिए उनसे मिले तो उन्होंने कहा, "जब भी ऐसी कोई परिस्थिति आए, आप मुझे ज़रूर फ़ोन करें।" आने वाले सालों में मैंने ऐसे अनेक लोग देखे हैं जो ज़रूरतमन्द परिवारों की मदद करने के लिए

आगे आते हैं। अक्सर ये वे लोग होते हैं जो इन परिवारों से कभी मिले तक नहीं होते, और शायद वे उनसे कभी मिलेंगे भी नहीं। उनका बिना किसी मान, प्रशंसा या कृतज्ञता की अपेक्षा किए दूसरों को देने का ज़ज्बा ही उन्हें विशेष या ख़ास बनाता है। पारुल तूलि, शोना नाथ और जैसमीन चड्ढा ऐसे ही तीन लोग हैं। जब ऐसा कोई प्रकरण आता है, जहाँ वित्तीय सहायता की आवश्यकता होती है तो मुझे बस इन लोगों को फ़ोन करना होता है, और उपचार सम्भव कर दिया जाता है। तीनों की इच्छा है कि वह उन बच्चों की मदद करें ज़िनके पास संसाधन सीमित हैं और जिन्हें लिवर ट्रांसप्लान्ट की आवश्यकता है। वे उस दुर्लभ प्रजाति के लोग हैं, जो मात्र देने के इरादे से देते हैं। न इससे कुछ ज़्यादा, न इससे कम।

बच्चे आम तौर पर उदार होते हैं। सर्दियों की छुट्टियों में नन्दिनी, देवांग और मैं नन्दिनी की बहन प्रीति और उसके चौदह साल के बेटे दिविज के साथ एक दिन बिताने गए। नन्दिनी, प्रीति और मेरे पास तो बहुत समय था, लेकिन दिविज के पास बिलकुल समय नहीं था क्योंकि उसे अपना एक ज़िम्मेदारी पूरी करनी थी। उसे और उसके दोस्त ज़रूरतमन्द बच्चों को बढ़िया खाना खिलाने में व्यस्त थे।

पिछले कई हफ़्तों से दिविज और उसके दोस्त आस पड़ोस से चन्दा इकट्ठा कर रहे थे और अपने पॉकेट मनी में से भी बड़ी उदारता से पैसे डाल रहे थे। उन्होंने 10,125 रुपये इकट्ठे कर लिए थे। एक हफ़्ते बाद जब हम उससे मिले, तो दिवजी ने अपने अनुभव के बारे में हमें बताया। पहले उनका इरादा 200 बच्चों को भोजन कराने का था, लेकिन क्योंकि उन्हें बहुत ही अच्छी प्रतिक्रिया मिल रही थी, उन्होंने 326 बच्चों को भोजन कराया। कुछ बच्चे बहुत ही छोटे थे और खुद नहीं खा सकते थे, उन्होंने उन बच्चों को अपने हाथों से खाना खिलाया। मैंने दिविज से पूछा, "तुम्हें ये विचार आया कैसे?" दिविज ने बताया, "दीवाली से दो दिन पहले, माँ और मैं पटाख़े ख़रीदने जा रहे थे। हमने एक खाने के स्टॉल के पास दो बच्चों को देखा जो कि भूखे लग रहे थे। माँ ने सुझाव दिया कि मुझे उनके लिए खाना ख़रीदना चाहिए। जब वे दो बच्चे खा रहे थे, तो और भी बच्चे उस खाने के स्टॉल के पास आ गए और एक प्लेट छोले कुलचे के लिए पंक्ति बनाकर खड़े हो गए। एक घण्टे के अन्दर, मैंने बासठ बच्चों को खाना खिला दिया। हालाँकि मैंने पटाख़ों के लिए दिए गए रुपयों का एक तिहाई भाग ख़र्च कर

दिया था, मुझे एक अजीब सी संतुष्टि का आभास हुआ। मैंने निश्चय किया कि क्रिस्मस के आस पास मैं कुछ और बड़ा आयोजन करूँगा। मैंने अपने दोस्तों से बात की और हमने मिलकर ये आयोजन करने का निश्चय किया। अब हम इसे साल में चार बार करेंगे।" उसके चेहरे की चमक देखकर और उसके उत्साह को सुनकर मैं समझ गया कि एक चौदह साल के बच्चे ने देने के आनन्द को ढूँढ़ लिया है।

इस बात के प्रमाण बढ़ते जा रहे हैं कि दान देने वाले के लिए सचमुच लाभकारी होता है। शोध से पता चला है कि दयापूर्ण कार्य शरीर में सेरोटोनिन की मात्रा को बढ़ाते हैं जो एक न्यूरोकेमिकल है, जो अवसाद को दूर करता है। सेरोटोनिन की मात्रा बढ़ने से मनःस्थिति अच्छी हो जाती है और घबराहट कम होती है। कार्यकारी एम आर आई स्कैनों में मस्तिष्क के वह भाग जो पैसा मिलने पर सक्रिय हो जाते हैं, वह भाग पैसा देने पर और अधिक सक्रियता दिखाते हैं (फ़्लेमिंग एट आल, 2010)।

क्रिस्टीन कार्टर, पी एच डी, यू सी बर्कलेज़ ग्रेटर गुड साइन्स सेन्टर में सोशियोलोजिस्ट और हैपिनेस विशेषज्ञ हैं, जिनका उद्देश्य है प्रगतिशील, उत्थान की ओर अग्रसर और संवेदनशील समाज के लिए कौशल की शिक्षा देना। एक लेख में, जिसका शीर्षक था, 'व्हाट वी गेट व्हेन वी गिव', वह लिखती हैं कि जो लोग स्वयंसेवकों का काम करते हैं, उन्हें कम दर्द व पीड़ाएँ होती हैं (कार्टर, 2010)। जो लोग सेवा के कार्य में लगे हुए हैं, उनको देखने मात्र से भी शरीर की रोग प्रतिरोधक प्रणाली में इम्म्यूनोग्लोब्युलिन, एक महत्त्वपूर्ण एण्टीबॉडी, का स्तर बढ़ जाता है (कॉलिन्स, 2014)।

स्टीफ़ेन पोस्ट, *'व्हाई गुड थिंग्स हैपन टु गुड पीपल'* के सह लेखक एक बहुत अच्छी सलाह देते हैं : *'तनाव से निपटने का सबसे अच्छा तरीक़ा है किसी और की मदद करना'* (पोस्ट, 2012)।

टॉम रैथ और जिम हार्टर के एक प्रयोग में, जो कि *वेलबीइंग : द फ़ाइव इसेन्शियल एलिमेन्ट्स* में प्रकाशित हुआ था, कुछ लोगों को ख़र्च करने के लिए पैसे दिए गए। भाग लेने वालों को ये कहा गया कि उन्हें ये पैसा अपनी निजी वस्तुओं पर, किसी को उपहार देने के लिए या दान में देने के लिए ख़र्च करना है। जिन भाग लेने वालों ने उपहार देने के लिए या दान देने के लिए पैसे ख़र्च किए, उन्हें अपने स्वास्थ्य में सुधार का अनुभव

हुआ। इसके विपरीत, जिन्होंने खुद पर ख़र्च किया, उन्हें ये अनुभव नहीं हुआ (रैथ एण्ड हार्टर, 2010)।

हम में से अधिकतर लोग भौतिक इच्छाओं और मनोरंजन के पीछे भागने में इतने व्यस्त हैं कि हम भूल जाते है जो सेंट फ्रान्सिस ऑफ़ असीसी ने कहा था, "क्योंकि देने में ही हम प्राप्त करते हैं।" इसमें कोई आश्चर्य नहीं कि हमारे बच्चे भी और अधिक की चाह में हमारा ही अनुसरण करते हैं। हमारे बच्चों को हमें बिना किसी अपेक्षा के देते हुए देखना चाहिए, बिना किसी को जाने देते हुए देखना चाहिए और देने के आनन्द की ख़ातिर देते हुए देखना चाहिए। जब हम ऐसा करेंगे, तभी वे हमारा अनुसरण करेंगे। हमें अपने बच्चों को कोई भी वस्तु, चाहे वह कोई किताब हो, खिलौना या फिर चॉकलेट, अपने से कम भाग्यशाली व्यक्ति को देने के लिए प्रोत्साहित करना चाहिए। ये कोई छोटी चीज़ भी हो सकती है। यही छोटी चीज़, आगे जाकर समय के साथ उन्हें कुछ बड़ा देने की ओर ले जाएगी। एक बार उन्हें देने के आनन्द के बारे में पता चल जाए, फिर उन्हें थोड़े प्रोत्साहन की आवश्यकता होगी। मैंने ये देखा है कि देने में लड़कियों को कम कठिनाई होती है। मेरे क्लिनिक में, एक लड़की लगभग हमेशा ही अपने भाई के लिए एक अतिरिक्त कैन्डी की माँग करती है। लड़कों को थोड़ी मुश्किल होती है। शायद प्रकृति ने लड़कों और लड़कियों को इसी तरह बनाया है। इसलिए लड़कों के माता पिता को थोड़ा जल्दी ही शुरू कर देना चाहिए और उन्हें देने की कला सिखाने के लिए ज़्यादा मेहनत करनी चाहिए।

देना न केवल एक सही काम है, बल्कि ये देने वाले के शारीरिक और मानसिक स्वास्थ्य के लिए भी लाभकारी है। हमें याद रखना चाहिए कि महात्मा गाँधी ने क्या कहा था, "गुलाब देने वाले के हाथ में हमेशा ही सुगन्ध रहती है।" हम अपने बच्चों को सर्वश्रेष्ठ उपहार दे सकते हैं, उनमें से एक है देने का आनन्द।

सब दो, सब पाओ।

—एम के गाँधी

स्वयं बदलाव बनो

आप दुनिया में जो बदलाव देखना चाहते हैं, आपको स्वयं वह
बदलाव बनना पड़ेगा।

—एम के गाँधी

हम कितना कुछ बदलना चाहते हैं। हम सीमाएँ, नीतियाँ, वातावरण, व्यापार करने के तरीक़े और लोगों से जिस तरह से व्यवहार करते हैं, ये सब बदलना चाहते हैं। हम बदलाव की आवश्यकता के बारे में बात करते हैं। हम सुझाव देते हैं कि कैसे बदलाव लाया जा सकता है। अक्सर, बदलने के अपने इस प्रयास में, हम बदलने का भार किसी और पर डाल देते हैं। हम ये भूल जाते हैं कि दुनिया पर हमारा नियन्त्रण बहुत कम है। हमारा जिस चीज़ पर नियन्त्रण है, वह है खुद अपने ऊपर। फिर भी हम अपने भीतर देखने की बजाय बाहर ही देखते हैं। महात्मा गाँधी के ये शब्द कितने सच हैं : "मनुष्य होने के नाते, हमारी महानता इस दुनिया का पुनर्निर्माण कर पाने में उतनी नहीं है – ये इस आणविक युग का मिथक है – जितना कि स्वयं का पुनर्निर्माण कर पाने में है।"

हम अपने बच्चों को बदलना चाहते हैं। आख़िरकार, ये किताब बच्चों को बदलने के बारे में... उनकी बेहतरी के लिए ही तो है। हमारे बच्चे भी बहुत कुछ बदलना चाहते हैं। लेकिन हम में से बहुत से लोग ये नहीं जानते कि हमारे बच्चे क्या बदलना चाहते हैं। हम उनसे इस बारे में बात नहीं करते क्योंकि हमारे पास समय नहीं है या फिर हमें लगता है कि अभी हमारा बच्चा ये सब बातें करने के लिए बहुत छोटा है। अगर हम उनके साथ ये चर्चा करें तो उन्हें जो कुछ भी कहना है, उसे सुनकर हमें हैरत होगी। मैं कई बार बच्चों से पूछता हूँ कि वह क्या बदलना चाहते हैं। उन्हें बहुत कुछ कहना होता है। उन्हें होमवर्क और परीक्षाएँ नहीं चाहिए। वे नहीं

चाहते कि उनके सहपाठी उन्हें चिढ़ाएँ। वे चाहते हैं कि ये दुनिया और भी खुशनुमा जगह बन जाए। वे चाहते हैं कि उनके माता पिता हर वक़्त माता पिता नहीं बने रहें। उन्हें गुणवत्ता पूर्ण समय और व्यक्तिगत ध्यान चाहिए। वे चाहते हैं कि उनके माता पिता उनके आदर्श बनें।

हमारी ही तरह, हमारे बच्चे भी दूसरों को बदलना चाहते हैं। वे बदलाव देखने के लिए तैयार हैं, लेकिन खुद को बदलने के लिए तैयार नहीं हैं। उनसे ये कहकर देखिए कि दूसरों को छेड़ना बन्द कर दें और आपको जवाब मिलेगा, "लेकिन उसी ने शुरुआत की थी, मैंने नहीं! क्या आप चाहते हैं कि मैं प्रतिकार भी नहीं करूँ?"

अभी तक मैंने जिन मूल्यों के बारे में चर्चा की है, उनमें से इस बात को समझना कि बदलाव खुद से शुरू होना चाहिए, इस बात को अपने में ढालना सबसे कठिन है। माता पिता होने के नाते, जो बदलाव हम दुनिया और अपने बच्चों में देखना चाहते हैं, हमें पहले स्वयं वह बदलाव बनना चाहिए। अगर हम ऐसा नहीं कर सकते, तो फिर अच्छा ही होगा कि हम अपने बच्चों के साथ इस विषय पर चर्चा नहीं करें। हमें अपनी आलोचना कितनी बुरी लगती है, लेकिन हम अपने बच्चों की अक्सर आलोचना करते हैं। हमें अपनी तारीफ़ सुनना बहुत पसन्द है, लेकिन हम अपने बच्चों की तारीफ़ कितनी बार करते हैं? हम पुरस्कार मिलने पर, पढ़ाई में अव्वल आने पर और खेलकूद में जीतने पर तो तारीफ़ करते हैं, लेकिन क्या हम छोटी-छोटी उपलब्धियों के लिए उनकी तारीफ़ करते हैं? क्या हम अच्छे व्यवहार के लिए उनकी तारीफ़ करते हैं? हम इसे सहज ही ले लेते हैं, है ना? अगर हम उनकी आलोचना करना बन्द कर दें और खुलकर उनकी प्रशंसा करें, तो वे भी हमारे साथ ऐसा ही करेंगे।

हम अक्सर खुद से कहते हैं, "अब खुद को बदलना कितना मुश्किल है। मेरी तो आदत ही बन गई है।" तो फिर हमें अपने बारह साल के बच्चे के मुँह से ये सुनकर हैरान नहीं होना चाहिए, "मैं तो ऐसा बहुत समय से कर रहा हूँ। अब मैं नहीं बदल सकता" या "मैं खुद को बदलना चाहता हूँ लेकिन पहले आप खुद को बदल कर ये दिखाइए कि मैं ये कैसे करूँ।"

कुछ साल पहले 2 अक्तूबर को हम तीनों राजघाट गए। हम कुछ समय तक राजघाट में अनुभव होने वाली शान्ति का आनन्द लेते रहे। महात्मा

गाँधी मेरे आदर्श हैं, और मैं ये इन्तज़ार कर रहा था कि देवांग उस उम्र तक पहुँचे जब हम दोनों गाँधीजी के जीवन, उनके मूल्यों और सिद्धान्तों के बारे में बात करना शुरू कर सकें। राजघाट के भ्रमण ने उस चर्चा के लिए मंच तैयार कर दिया।

गाँधीजी ने खुद को बदला, और इस प्रक्रिया में उन्होंने दुनिया को बदल दिया। उनके लिए सत्य और अहिंसा उनके मार्गदर्शी सिद्धान्त थे जिनका उन्होंने जीवन भर पालन किया।

"उदाहरण प्रस्तुत करना दूसरों को प्रभावित करने का प्रमुख माध्यम नहीं है, यही एकमात्र माध्यम है," एल्बर्ट आइन्स्टीन ने कहा था। एक बार एक महिला अपने बेटे को गाँधीजी के पास लेकर आई। उसे चिन्ता थी कि उसका बेटा बहुत गुड़ खाता था और इससे उसकी सेहत ख़राब हो सकती थी। उसने गाँधीजी से विनती की कि वह उसे इस विषय में परामर्श दें। गाँधीजी ने कुछ देर विचार किया और उस महिला से अपने बेटे को कुछ दिन बाद ले कर आने को कहा। जब वे कुछ दिन बाद आए तो गाँधीजी ने उस लड़के से कहा कि उसे ज़्यादा गुड़ नहीं खाना चाहिए क्योंकि उससे नुक़सान हो सकता है। वह महिला बहुत हैरान हुई। उसने गाँधीजी से पूछा कि यही बात उन्होंने पहली मुलाक़ात में क्यों नहीं कही थी। गाँधीजी ने जवाब दिया, "मुझे कुछ दिन खुद गुड़ छोड़ने के लिए चाहिए थे ताकि मैं तुम्हारे बेटे को पूर्ण विश्वास के साथ परामर्श दे सकूँ।"

जब उन्होंने आश्रम में रहना शुरू किया तो उनको आश्रम में रहने वाले सब लोगों से अपेक्षा थी कि वे आश्रम के नियमों का पालन करें। इन नियमों में नैतिक मूल्यों का पालन करना, शौचालयों की सफ़ाई, निजी स्वच्छता, अहिंसा, प्रार्थना और सत्य सम्मिलित थे।

"देवांग, अगर कोई राह से भटक जाता था तो तुम्हें क्या लगता है, गाँधीजी कैसे प्रतिक्रिया दिखाते थे? अधिकतर लोग क्या करते?" मैंने पूछा। इस पर देवांग बोला, "उन्हें सज़ा देकर दूसरे लोगों के लिए उदाहरण प्रस्तुत करते ताकि दूसरे लोग वही ग़लती नहीं करें।"

लेकिन, गाँधीजी अलग थे। उन्होंने अनेक अवसरों पर खाना छोड़ दिया क्योंकि आश्रम में किसी ने झूठ बोला था या फिर चोरी की थी या उच्च नैतिक मानकों के विरुद्ध बहुत सस्ता व्यवहार किया था। उन्होंने डाँटने

या सज़ा देने की कोशिश नहीं की। बल्कि उन्होंने खुद को पीड़ा पहुँचा कर उन लोगों की आत्मा तक पहुँचने की कोशिश की जिन्होंने पाप किया था।

उन्होंने ग़रीबी में जीने का भी चुनाव किया क्योंकि वह ऐसे लोगों का नेतृत्व कर रहे थे जिनमें से बहुत से लोग ग़रीबी में जी रहे थे। किसी ज़माने में उन्हें बेहतरीन अंग्रेज़ी कपड़े पहनने का शौक था, लेकिन अब वह एक धोती और शॉल पहनना ही पसन्द करते थे। वह खुद कपड़ा बुनते थे और इस प्रकार उन्होंने हज़ारों लोगों को अपना अनुसरण करना सिखाया। उनके अनुसार, "अभ्यास का एक छोटा सा भाग भी उपदेश के कई टनों से ज़्यादा मूल्यवान है।"

जब गाँधीजी ने अहिंसा और सत्याग्रह (राजनैतिक विरोध का शान्त तरीक़ा) के सिद्धान्तों का प्रयोग करके भारत के स्वतन्त्रता संग्राम का नेतृत्व किया तो वे जानते थे कि बहुत से ऐसे लोगों का ये मानना था कि उनके सिद्धान्त स्वतन्त्रता प्राप्त करने में सहायक नहीं होंगे। उन्हें अपने विचारों के तुरन्त स्वीकार होने की अपेक्षा भी नहीं थी। उन्होंने ज़ोर दिया, "मैं तब तक इन्तज़ार नहीं करूँगा जब तक कि मैं सारे समाज को अपने दृष्टिकोण के अनुसार ढाल नहीं लेता, बल्कि मैं अभी इसी वक्त खुद अपने से ही शुरुआत करूँगा" (गंगरादे, 2004)। उसी विश्वास के साथ, उन्होंने भारत को आज़ादी दिलाई।

इन सालों के दौरान, देवांग और मैंने गाँधीजी के जीवन से अनेक उदाहरणों पर चर्चा की है। जब भी मुझे सहनशक्ति, अहिंसा या उदाहरण प्रस्तुत करके नेतृत्व का कोई उदाहरण दिखता, मैं उसे देवांग के साथ ज़रूर बाँटता। हमने *गाँधी* फ़िल्म एक से अधिक बार देखी है। मैंने कई बार ये सलाह दी है कि माता पिता ये फ़िल्म अपने बच्चों के साथ देखें।

बच्चे अक्सर ये शिकायत क़रते हैं कि उनके पास अपना काम पूरा करने के लिए पर्याप्त संसाधन नहीं हैं। लेकिन इतने सालों में मैंने ये जाना है कि उनको सिर्फ़ समझाने या सलाह देने की बजाय अगर मैं कोई उदाहरण दूँ तो मैं ज़्यादा बेहतर रूप से अपने उद्देश्य में सफल होऊँगा। मुझे जो उदाहरण देना सबसे अच्छा लगता है, वह है दशरथ माँझी का। वह बिहार राज्य के एक छोटे से गाँव में एक मज़दूर थे। उनका गाँव एक पहाड़ के पास था, और सबसे नज़दीक के शहर में पहुँचने के लिए या तो एक संकरे

ख़तरनाक दर्रे से हो कर गुज़रना पड़ता था या फिर पहाड़ की परिक्रमा करके जाना पड़ता था। एक दिन माँझी की पत्नी पहाड़ पार करते समय गम्भीर रूप से घायल हो गई। सबसे क़रीबी डॉक्टर 70 कि मी दूर था। माँझी ने निर्णय लिया कि उसके गाँव और शहर के बीच की इस दूरी को कम करने के लिए कुछ तो करना ही पड़ेगा। प्रशासन को कई अर्ज़ियाँ भेजी गई थीं, लेकिन उन पर कोई कार्यवाही नहीं की गई थी। उसे भरोसा नहीं था कि गाँव वाले उस समस्या का कोई समाधान ढूँढ़ने के विषय में दृढ़ संकल्पित थे या नहीं। माँझी ने निश्चय किया कि जो बदलाव वह देखना चाहते थे, वह स्वयं वह बदलाव बनेंगे।

एक हथौड़ा, छैनी और फावड़े से लैस होकर उन्होंने पहाड़ के बीच से रास्ता बनाना शुरू कर दिया। वह दिन रात अकेले ही काम करते रहे। उनका निश्चय इतना दृढ़ था कि उन्होंने अपनी महत्त्वाकांक्षा को पूरा करने के लिए खेतों में काम करना छोड़ दिया। चूँकि माँझी ने कमाना बन्द किया था, इसलिए उनके परिवार को बहुत मुश्किलों से गुज़रना पड़ा। कई दिनों तक उन्हें बिना भोजन के रहना पड़ा। जब वह रास्ता बना रहे थे, उनकी पत्नी गम्भीर रूप से बीमार पड़ गई। अस्पताल नहीं पहुँच पाने के कारण उनकी मृत्यु हो गई। उन्हें खो देने के दुख ने माँझी के निर्णय को और सशक्त कर दिया। कई गाँव वालों ने सोचा कि माँझी पागल हो गया है क्योंकि गिने चुने औज़ारों के साथ एक अकेले व्यक्ति के लिए ये काम करना असम्भव प्रतीत हो रहा था। लेकिन माँझी अडिग लगे रहे। 1982 में, बाईस साल के अथक परिश्रम और लगन के बाद, उनकी सड़क बनकर तैयार हो गई थी। उन्होंने पहाड़ को काट कर 360 फ़ीट लम्बी और 30 फ़ीट चौड़ी सड़क बनाई थी। वह रास्ता, जो कभी महज़ एक फ़ुट का था, अब उस पर से साइकिल और मोटर साइकिल गुज़र सकते हैं, और उसने न केवल उस गाँव के निवासियों का, बल्कि आस पास के साठ अन्य गाँवों का जीवन बदल दिया है। उनके प्रयासों ने गाँव से शहर तक की दूरी को 70 कि मी से घटा कर 15 कि मी कर दिया। दशरथ माँझी ने बिना किसी संसाधन के मात्र अपनी बदलाव लाने की इच्छा शक्ति से वह कर दिखाया जो असम्भव सा प्रतीत हो रहा था।

मैं कार्य क्षेत्रों में, सामाजिक कार्यक्रमों में, और आश्चर्यजनक रूप से क्लिनिक में भी, संसाधनों की कमी के बारे में सुनता हूँ। माता पिता अक्सर बात करते हैं कि कैसे कक्षा में अधिक बच्चे होने के कारण उन्हें शिक्षकों

की ओर से व्यक्तिगत ध्यान नहीं मिल पाता। "सीमित संसाधनों के चलते परियोजनाओं के लिए कम सहारा मिलता है," उनका कहना है। साथ ही वह ये भी कहते हैं, "उनके प्रदर्शन पर इसका विपरीत प्रभाव पड़ता है।" जब बच्चे अपने माता पिता को इस तरह से बहानों पर ज़ोर देते हुए सुनते हैं तो वे भी बहाने बनाना सीख जाते हैं। मैं बहुत ही नरमी से माता पिता से कहना चाहता हूँ कि जहाँ शिक्षकों के पास ध्यान देने के लिए इतने सारे बच्चे होते हैं, माता पिता के पास ध्यान रखने के लिए एक, या दो या तीन ही बच्चे होते हैं, तो फिर उन्हें घर में ज़्यादा व्यक्तिगत ध्यान क्यों नहीं मिल सकता? जितने परिवारों को मैं देखता हूँ, 95 प्रतिशत में तीन से कम बच्चे हैं और 25 प्रतिशत में केवल एक ही बच्चा है। दूसरों को दोष देना कितना सुविधाजनक है। लेकिन ये पहचानना कितना मुश्किल है कि हम क्या कर सकते हैं।

सुभाषिणी मिस्त्री चौदह संतानों में से एक थी। उसके भाई बहनों में से सात की बचपन में ही मृत्यु हो गई। बारह साल की उम्र में उसकी शादी हो गई। उसके चार बच्चों का भरण पोषण उसके पति की छोटी सी आय से बहुत मुश्किल से हो पाता था। तेईस साल की उम्र में, उचित इलाज के अभाव में, उसके पति की मृत्यु हो गई। सुभाषिणी दुख में डूब गई। अपने इसी दुख में उसने एक प्रण किया। वह ग़रीबों के लिए अस्पताल बनाएगी ताकि उसके जैसी परिस्थिति में दूसरों को वह अनुभव नहीं करना पड़े, जो उसने किया।

अपने चार बच्चों को पालने की ज़िम्मेदारी अब सुभाषिणी पर आ गई। चूँकि वह अनपढ़ थी, उसके पास घरों में काम करना ही एकमात्र काम था। वह अपने बच्चों का पेट पालने के लिए मेहनत करती रही, लेकिन पर्याप्त कमाई नहीं कर पाई। उसे दो बच्चों को अनाथाश्रम में रखना पड़ा। अपनी सारी कठिनाइयों के बीच में भी वह अपने प्रण के बारे में सोचती रही। जब उसकी बेटियों की शादी हो गई और उसका बड़ा बेटा एक मज़दूर के रूप में काम करने लगा तो उसे एहसास हुआ कि उसका अस्पताल बनाने का सपना पूरा करने के लिए उसके किसी एक बच्चे को डॉक्टर बनना होगा। उसका सबसे छोटा बेटा अजोय, जो एक अनाथाश्रम में पला था, एक होनहार छात्र था। सुभाषिणी ने उसे पढ़ाई में मेहनत करने और चिकित्सा के क्षेत्र में आगे पढ़ने के लिये प्रोत्साहित किया। अजोय ने आल इंडिया मेडिकल एन्ट्रेन्स

टेस्ट सफलतापूर्वक पास कर लिया और उसे कलकत्ता मेडिकल कॉलेज में दाखिला मिल गया। एक छात्रवृत्ति के मदद से उसने अपना कोर्स पूरा किया। इसी बीच, अपनी बीस साल में की गई बचत से (जो क़रीब 10,000 रुपए थी), सुभाषिणी ने अपने पति के गाँव में ज़मीन ख़रीद ली। अपने पति की मृत्यु के बीस साल बाद, सुभाषिणी ने एक झोंपड़ी में ह्युमैनिटी हॉस्पिटल की शुरुआत की। गाँव वालों ने घर घर जाकर दवाइयाँ इकट्ठी कीं। पहला डॉक्टर आया, और पहले ही दिन 252 मरीजों को देखा गया। अस्पताल के लिए पक्की छत बनाने के लिए अजोय ने स्थानीय एम पी से मदद माँगी। एम पी मदद करने के लिए आगे आए। चन्दों के माध्यम से ह्युमैनिटी हॉस्पिटल का विस्तार होता गया। आज उसमें दो ऑपरेशन थिएटर और 32 बिस्तर हैं और ये 15,000 वर्ग फ़ीट में फैला हुआ है। ग़रीबों के इस अस्पताल में किसी को भी उपचार के लिए मना नहीं किया जाता।

हमें अपने बच्चों के साथ दशरथ माँझी और सुभाषिणी मिस्त्री की कहानियाँ बाँटनी चाहिए। ये दो उदाहरण हैं कि किस तरह से आम पुरुष और स्त्री ने दिखाया है कि बदलाव बनने का जज्बा क्या उपलब्धियाँ दिला सकता है। ऐसे अनेक अन्य उदाहरण हैं, जो हमारे बच्चों को प्रेरित कर सकते हैं।

इससे पहले कि हम दूसरों को बदलने के लिए कहें, हमें ख़ुद अपने भीतर देखना होगा। अगली बार जब हम चाहें कि हमारे बच्चे ज़्यादा सभ्य या नरम दिल या दयावान हों तो हमें पहले देखना होगा कि हम ख़ुद अच्छे आचरण वाले और सभ्य हैं कि नहीं। इससे पहले कि हम उन्हें देर से आने के लिए डाँटे, हमें सोचना होगा कि कितनी बार हमने उन्हें इन्तज़ार कराया है। इससे पहले कि हम अपने बच्चों को बदलने को कहें, हमें उन सब बातों की सूची बनानी होगी जो हमें ख़ुद में बदलनी हैं। हमें अपने बच्चों से कहना चाहिए कि वे हमें बताएँ वे हममें क्या बदलाव चाहते हैं। हमें मानसिक रूप से एक लम्बी सूची और अनपेक्षित बातों के तैयार रहना होगा। जब मैंने ये अभ्यास देवांग के साथ किया, तो गुणवत्ता पूर्ण समय बिताना और शान्त चित्त रखना सूची में सबसे ऊपर था। मैंने गुणवत्तापूर्ण समय देने के लिए रविवार दोपहर को अन्य कामों के लिए देना बन्द कर दिया और शान्त चित्त रहने का भरसक प्रयास करने लगा। जब देवांग ने देखा कि उसकी सूची में से चीज़ें पूरी की जा रही हैं, तो एक दिन

वह मेरे पास आया और बोला, "पिताजी, मुझे खुद में जो बदलाव लाने हैं, उनकी सूची बनाने में क्या आप मेरी मदद करेंगे?"

दुनिया आपके उदाहरण से बदली जाती है, आपकी राय से नहीं।

—पाओलो कोएल्हो

कृतज्ञता

कृतज्ञता जीवन की पूर्णता के सारे प्रतिबन्ध खोल देती है। ये हमारे पास जो कुछ भी है, उसे पर्याप्त में, और उससे भी कहीं ज़्यादा में बदल देती है। ये अस्वीकृति को स्वीकृति में, अव्यवस्था को व्यवस्था में और अस्पष्टता को स्पष्टता में बदल देती है। ये एक साधारण से भोजन को भोज में, एक मकान को घर में और एक अजनबी को मित्र में बदल सकती है।

—मेलोडी बीटी

ये 2012 की बात है जब देवांग और मैं ग्रैन्ड स्लैम का फ़ाइनल देख रहे थे। फिर एक बार, रॉजर फ़ेडरर विजयी हुए थे। "पिताजी, रॉजर फ़ेडरर कितने अद्भुत हैं न? सत्रह ग्रैन्ड स्लैम सिंगल टाइटल्स, सात विम्बल्डन टाइटल्स, पाँच यू एस ओपन टाइटल्स, और 302 हफ़्तों से पहले नम्बर पर। कितना शानदार रिकॉर्ड है!"

"तुम्हें उनके इतने सारे रिकॉर्ड्स कैसे याद हैं?"

"फ़ेडरर मेरा हीरो है। मुझे तो लगता है कि आज तक इस खेल को खेलने वाले खिलाड़ियों में वह सर्वश्रेष्ठ है!"

"वह एक प्रसिद्ध व्यक्ति हैं। उनके रिकॉर्ड और उनके गुण निश्चय ही प्रशंसनीय हैं - मेहनत, केन्द्रित ध्यान, अनुशासन, सादगी, सकारात्मक दृष्टिकोण और अप्रतिम खिलाड़ी प्रतिभा। लेकिन इन सबसे भी अधिक एक बात है जो मेरे लिए सर्वोपरि है। रॉजर कृतज्ञता की शक्ति को समझते हैं।"

"कृतज्ञता क्यों, पिताजी?"

"एक बार ऑस्ट्रेलियन ओपन में फ़ेडरर ने कहा था कि इस समय पुरुषों के आहत होने की समस्याओं के साथ, मैं भाग्यशाली हूँ कि अभी

भी खड़ा हुआ हूँ।" अपनी थकावट भरी ज़िन्दगी और इतने सारे टूर्नामिन्ट्स खेलने के दबाव के चलते टेनिस के खिलाड़ी गम्भीर चोट लगने के जोखिम में रहते हैं। लम्बे समय तक इलाज प्रतियोगी टेनिस में वापसी को मुश्किल बना सकता है, और अनेक प्रतिभाशाली करियर समय से पूर्व अवकाश में ख़त्म हो गए। फ़ेडरर को इस बात का एहसास था। सौभाग्य से उन्हें ज़्यादा चोटें नहीं लगी हैं और इसके लिए वह कृतज्ञ हैं।"

हम सब बहुत सी बातों का महत्त्व नहीं समझते। जब हम बीमार पड़ते हैं, तभी हमें अच्छी सेहत के वरदान का महत्त्व समझ में आता है। जैसा कि अधिकतर बातों के विषय में सत्य है, हमें चीज़ों का असली मूल्य उन्हें खो देने के बाद ही पता चलता है। हमारे बच्चे भी बहुत सी चीज़ों के महत्त्व को नहीं समझते हैं - भोजन, कपड़े, आरामदायक बिस्तर और खिलौने, पढ़ने के लिए स्कूल, छुट्टियाँ और मस्ती करने के लिए जन्मदिन की पार्टियाँ, ये सब तो वे मान लेते हैं कि होते ही हैं। बहुत कम ऐसा होता है कि वह बच्चा जिसे इतनी सारी चीज़ों के लिए कृतज्ञ होना चाहिए, ये महसूस करता है कि वह कितना भाग्यशाली है कि उसके पास वह सब कुछ है जिसका दुनिया भर के करोड़ों बच्चे सपना भर ही देख पाते हैं। वैसे हम बच्चों को दोष नहीं दे सकते, क्योंकि हमने बच्चों को कृतज्ञता की शक्ति को समझने के बारे में सिखाया ही नहीं। वह हमें कृतज्ञता की शक्ति की प्रशंसा करते हुए देखते ही नहीं।

"एक और महान टेनिस का खिलाड़ी था जिसने कृतज्ञता की शक्ति को पहचाना।"

"कौन था वह?" देवांग ने पूछा।

"आर्थर एश।"

एश का जन्म रिचमन्ड, वर्जीनिया में हुआ था। उनकी माँ की गर्भावस्था में कुछ कठिनाइयों के कारण सत्ताइस साल की उम्र में ही मृत्यु हो गई थी। उनका और उनके भाई का पालन पोषण उनके पिता ने किया जो छोटे मोटे काम करके गुज़ारा करते थे।

एश ने सात साल की उम्र में टेनिस खेलना शुरू कर दिया था। उनकी प्रतिभा जल्दी ही विदित हो गई, और उनके पिता ने उनके लिए एक कोच की व्यवस्था कर दी। एश टेनिस कोर्ट में उतने ही श्रेष्ठ थे जितना कि कक्षा

में। उन्होंने अपनी कक्षा में प्रथम आकर युनिवर्सिटी ऑफ़ कैलिफ़ोर्निया, लॉस एंजिलिस से पूर्ण छात्रवृत्ति प्राप्त की। जब उन्होंने बिज़नेस एडमिनिस्ट्रेशन में स्नातक किया, तो एश अपने पिता के परिवार की तरफ़ से कॉलेज की पढ़ाई पूरी करने वाले पहले व्यक्ति बने।

1968 में उन्होंने पहला यू एस ओपन जीता। वह यू एस ओपन को जीतने वाले अकेले अफ़्रीकी अमेरिकी हैं। दो साल बाद उन्होंने ऑस्ट्रेलियन ओपन जीता और 1975 में विम्बलडन। उन्होंने जिम्मी कॉनर्स को विम्बल्डन में आधुनिक टेनिस के इतिहास की सबसे अविश्वसनीय और असम्भव कहलाने वाली जीत से हराया। कई विशेषज्ञ आज भी इसे टूर्नामेन्ट के इतिहास की सर्वश्रेष्ठ जीत मानते हैं। घर लौटने पर राष्ट्रपति फ़ोर्ड ने एश का वाइट हाउस में स्वागत किया।

एसोसिएशन ऑफ़ टेनिस प्रोफ़ेशनल्स (ए टी पी) को बनाने का श्रेय उन्हीं को जाता है और बाद में वह उसके अध्यक्ष भी बने।

एश रंगभेद का मुक्त कण्ठ से विरोध करते थे और वाशिंगटन में एक रंगभेद के विरुद्ध विद्रोह में उन्हें गिरफ़्तार भी किया गया था। उन्हें दक्षिण अफ़्रीका का वीज़ा देने से इनकार कर दिया गया और इसलिए वह साउथ अफ़्रीकन ओपन चैम्पियनशिप में नहीं खेल पाए। वह क़रीब डेढ़ दशक तक रंगभेद के विरुद्ध विद्रोह जताते रहे। जब नेल्सन मन्डेला को सत्ताईस साल बाद जेल से रिहा किया गया और उनसे पूछा गया कि वह किससे मिलना चाहेंगे, तो उन्होंने कहा, "आर्थर एश कैसा रहेगा?"

छत्तीस साल की उम्र में एश को दिल का दौरा पड़ा। बाद में उसी साल, उनका बायपास ऑपरेशन हुआ। चार साल बाद, उनका क्वाड्रुपल (quadruple) बायपास ऑपरेशन हुआ। उनकी दूसरी बायपास सर्जरी के बाद, रक्त चढ़ाने की प्रक्रिया के दौरान उन्हें एच आई वी संक्रमण हो गया। उन दिनों रक्त की एच आई वी जाँच नहीं की जाती थी। 1992 में उन्होंने सबको बताया कि उन्हें एड्स हो गया है।

उनके परिवार, मित्रों और सहकर्मियों की तो मानो दुनिया ही उजड़ गई। दुनिया भर से उन्हें उनके चाहने वालों के पत्र मिले। एक चाहने वाले ने पूछा, "भगवान ने इतनी बुरी बीमारी के लिए आपको ही क्यों चुना?" इस पर एश ने जवाब दिया, "दुनिया भर में, 50 मिलियन बच्चे टेनिस खेलना

शुरू करते हैं, 5 मिलियन टेनिस खेलना सीखते हैं, 500,000 प्रोफ़ेशनल टेनिस सीख पाते हैं, 50,000 सर्किट तक पहुँच पाते हैं, 5,000 ग्रैंड स्लैम तक पहुँच पाते हैं, 50 विम्बलडन तक, 4 सेमीफ़ाइनल तक और 2 फ़ाइनल तक। जब मुझे कप मिला था, तब मैंने भगवान से ये नहीं पूछा, 'मैं ही क्यों?' और आज जब मैं पीड़ा में हूँ तो मुझे भगवान से नहीं पूछना चाहिए कि मैं ही क्यों?" (पाठक, 2015)।

पूरे इतिहास में विचारक, दार्शनिक, वैज्ञानिक, राजनीतिज्ञ और धार्मिक गुरुओं ने लोगों से कृतज्ञता की शक्ति को समझने के लिए ज़ोर दिया है। जब देवांग आठ महीने का था, वह बहुत गम्भीर रूप से बीमार पड़ गया। वह बहुत ज़्यादा रोने लगा और उसे रक्त स्राव होने लगा। इन्टुससेप्शन की एक जाँच की गई। इन्टुससेप्शन में, आँतों के एक भाग को टेलिस्कोप की मदद से और गहराई से देखा जाता है, जिससे और भी गम्भीर लक्षण उभर कर आते हैं। इन्टुससेप्शन अपने आप ही परिणाम दिखा सकता है। जैसा कि अक्सर होता है, इसके लिए मेडिकल या सर्जिकल थेरेपी की आवश्यकता पड़ती है। जब उसे अस्पताल में भर्ती किया गया, तब मैं बाल रोग के क्षेत्र में प्रशिक्षण ले ही रहा था और विभिन्न विकल्पों के बारे में मेरा ज्ञान बहुत सीमित था। नन्दिनी और मैं बस इतना ही कर सकते थे कि उसके जल्दी ठीक होने के लिए प्रार्थना करें और सब कुछ उस टीम के ऊपर छोड़ दें, जो उसका इलाज कर रही थी। हमें उस टीम पर पूरी आस्था थी, और सौभाग्य से इन्टुससेप्शन ने खुद ही परिणाम दिखाए। एक पिता के रूप में इस पूरे अनुभव ने मुझे यह एहसास दिलाया कि माता पिता के लिए अपने बच्चे को तड़पते हुए देखना कितना कठिन है। एक बाल रोग प्रशिक्षु के रूप में मैंने ये कभी नहीं सोचा था कि माता पिता उपचार करने वाली टीम द्वारा कहे गए हर शब्द पर कितना विश्वास करते हैं। माता पिता के रूप में, हमने देवांग और नर्सों के बीच की हर बातचीत को ध्यान से देखा। हर रक्त परीक्षण और कैनुला का बदलना हमारे लिए बहुत पीड़ादायी था। अस्पताल में बिताए उन दिनों ने बाल रोग चिकित्सक के रूप में मेरी ज़िम्मेदारियों के प्रति मेरा दृष्टिकोण ही बदल दिया। हम हमारे बच्चे को अच्छे स्वास्थ्य में लौटाने के लिए टीम के बहुत आभारी थे। मैं एक माता पिता के नज़रिए से उपचार को समझ पाने के लिए बहुत आभारी था। इस अनुभव ने मुझे एक डॉक्टर के रूप में बहुत बदल दिया था। उसके बाद से मैं उस हर मरीज़ को धन्यवाद

देने लगा जिसका मैं उपचार करता था। मेरे प्रशिक्षु अक्सर मुझसे पूछते हैं, "आप माता पिता को धन्यवाद क्यों देते हैं? असल में तो उन्हें आपको धन्यवाद कहना चाहिए।" मैं उन्हें समझाने की कोशिश करता हूँ, "माता पिता मेरे भरोसे अपनी सबसे क़ीमती चीज़ छोड़ कर जाते हैं - उनका बच्चा। मैं कम से कम उन्हें धन्यवाद तो कह ही सकता हूँ। जब तुम खुद माता पिता बन जाओगे, तब इस बात को और अच्छी तरह समझ पाओगे। मैं भी इस तथ्य को तब तक नहीं समझ पाया था जब तक हमारा बेटा अस्पताल में भर्ती नहीं हुआ था।"

रॉन्डा बर्न *द मैजिक* में कहती हैं कि कृतज्ञता की आदत में जादू है और ये कई जीवनों को बदल सकती है (बर्न, 2012)। वह एक जादुई बदलाव के लिए अट्ठाईस दिन की नियमावली का वर्णन करती हैं। तीन साल पहले, मैं हैदराबाद में सेकण्ड इन्टरनेशनल कांग्रेस ऑन पेशेन्ट सेफ़्टी की आयोजक टीम का हिस्सा था। हमने निर्णय लिया कि कॉन्फ़्रेन्स के अन्तिम सत्र में हम एक लकी ड्रॉ का आयोजन करेंगे जिसमें चुने हुए पाँच प्रतिनिधियों को मज़ेदार उपहार मिलेंगे। कॉन्फ़्रेन्स के एक दिन पहले हम इनाम के बारे में निर्णय लेने के लिए मिले। एक प्रशिक्षु, जिसने एक प्रतिनिधि के रूप में पंजीकरण कराया था, अन्तिम दो सत्रों में कुछ कार्यों में मदद करने के लिए आगे आई। जब उसे ये पता चला कि एक पुरस्कार ब्लैकबेरी भी था, तो वह मेरे पास आई और बोली, "काश! मैं ब्लैकबेरी जीत पाती।" उस समय मैंने हाल ही में *द मैजिक* पढ़ी थी और मैंने निश्चय किया कि रॉन्डा की कही बात को मैं उससे कहूँगा। मैंने उस किशोरी से कहा था, "बस ये कहती रहो कि जीते हुए ब्लैकबेरी के लिए धन्यवाद।" "इससे मुझे उसे जीतने में कैसे मदद मिलेगी?" उसने पूछा। "मैंने विज्ञान पढ़ा है। मैं ये कैसे मान लूँ कि ये काम करेगा?" उसने आगे कहा। मैंने उससे कहा कि धन्यवाद कहने से उसका कोई नुक़सान नहीं होगा।

आख़िरी सत्र शाम 4 बजे से 5 बजे के बीच में था, और 4:50 बजे उठ कर मेरे पास आई और बोली, "कृपया मेरे अच्छे भाग्य की कामना कीजिए। मुझे वह ब्लैकबेरी चाहिए। मैंने असंख्य बार धन्यवाद कह दिया है।" लकी ड्रॉ शुरू हुआ और एक के बाद एक विजेताओं के नाम घोषित किए गए। आख़िरी विजेता वह महिला थी। जब उसने वह फ़ोन ग्रहण किया, तो वह चिल्ला कर बोली, "धन्यवाद कहना काम कर गया!" रॉन्डा बर्न के

अनुसार, ये हर बार काम करता है। डॉक्टर्स के रूप में, हमें केवल आँकड़ों पर विश्वास करने का प्रशिक्षण दिया जाता है, और शुरू में मुझे इच्छित वस्तु के लिए पहले से ही धन्यवाद देना और ऐसा दिखाना जैसे वह मुझे मिल गई हो, इस बात को समझना बहुत कठिन लगा। लेकिन इसे व्यवहार रूप में देखने के बाद, मैंने एक बार पहले से ही कृतज्ञता व्यक्त करने का प्रयास किया। वह काम कर गया - एक बार नहीं, बल्कि हर बार। मैंने सवाल पूछना बन्द कर दिया और विश्वास करना शुरू कर दिया। इन सालों में मैंने देवांग के साथ कृतज्ञता की शक्ति के उदाहरण साझा किए हैं। धीरे धीरे, वह भी कृतज्ञता के जादू में विश्वास करने लगा है।

हमें कृतज्ञता व्यक्त करना अपने और अपने बच्चों के रोज़ के जीवन का हिस्सा बनाना चाहिए। हमें अपने को बच्चों को प्रोत्साहित करना चाहिए कि जिन चीज़ों को सहज ही ले लेते हैं, उनके लिए वे थोड़ा और अधिक धन्यवाद कहें। जब वे दिन में अनेक बार धन्यवाद कहेंगे तो कृतज्ञता व्यक्त करना उनके लिए आसान हो जाएगा। जब हमारे बच्चे शिकायत करें तो हमें उन्हें याद दिलाना चाहिए कि आर्थर एश ने क्या कहा था : "मुझे भगवान से नहीं पूछना चाहिए कि मैं ही क्यों?"

> *चलो उठें और कृतज्ञ बनें, क्योंकि अगर हमने बहुत ज़्यादा नहीं भी सीखा, तो कम से कम थोड़ा तो सीखा ही है, और अगर हमने थोड़ा नहीं भी सीखा, तो कम से कम बीमार तो नहीं पड़े, और अगर बीमार भी पड़े, तो कम से कम मरे तो नहीं; इसलिए, हमें कृतज्ञ होना चाहिए।*
>
> **—गौतम बुद्ध**

लक्ष्य

लक्ष्य वह सपना है जिसकी एक समय सीमा है।

—नैपोलियन हिल

क्या लक्ष्य सच में इतने महत्त्वपूर्ण हैं जितना कि मैनेजमेन्ट गुरु इन्हें बताते हैं? क्या सफल होने के लिए लक्ष्य होना ज़रूरी है? क्या जुनून, एक ज्वलन्त इच्छा और मेहनत सफल होने के लिए पर्याप्त नहीं हैं? मैनेजमेन्ट गुरुओं का मानना है कि जहाँ एक ओर सफल होने के लिए अनेक गुणों का होना आवश्यक है, किंचित लक्ष्य निर्धारित करना महान सफलता के लिए अनिवार्य है। डैरेन हार्डी, *डिज़ाइनिंग द बेस्ट टेन ईयर्स ऑफ़ यॉर लाइफ़* के लेखक, लक्ष्य निर्धारित करने पर बहुत ज़ोर देते हैं। उनका मानना है कि लगभग 100 प्रतिशत उच्च श्रेणी के उपलब्धि प्राप्त करने वालों में दो बातें समान थीं - निरन्तर सीखने के प्रति प्रगाढ़ प्रतिबद्धता और स्पष्ट लक्ष्य। यह लक्ष्य एक दस्तावेज़ में व्यक्त था, जिसमें लक्ष्य को प्राप्त करने की योजना विस्तृत रूप से बनी हुई थी। वह आगे कहते हैं, "लक्ष्य के बिना, तुम्हारा जीवन पतवार के बिना नाव जैसा है। तुम धारा के साथ बहते चले जाते हो, और बार बार चट्टानों से टकराते हो। उचित लक्ष्य निर्धारण तुम्हें एक स्पीड बोट में बैठा देता है और तुम्हें नाव को आगे बढ़ाने के लिए एक लक्ष्य देता है। तुम सीधा अपनी मंज़िल पर पहुँचोगे और वह भी तेज़ गति से।"

हम में से कई लोगों ने लक्ष्य के बारे में प्रसिद्ध हावर्ड बिज़नेस स्कूल स्टडी के बारे में सुना है। कुछ ऐसे भी लोग हैं जिन्हें इस बात का कोई ठोस प्रमाण नहीं मिला कि ऐसा कोई अध्ययन किया गया था, और इसे एक अर्बन लीजेन्ड घोषित करते हैं। हो सकता है ये एक अर्बन लीजेन्ड रहा हो, लेकिन इसके परिणाम बहुत रुचिकर निकले थे। अपनी किताब, *व्हाट दे डोन्ट टीच यू एट हावर्ड बिज़नेस स्कूल* में मार्क मेक्कॉर्मैक अपने अध्ययन के बारे में बात करते

हैं। 1979 के एम बी ए के स्नातकों से पूछा गया कि क्या उनके पास भविष्य के लिए स्पष्ट लक्ष्य हैं जो कि लिखित रूप में हों, और उन्हें प्राप्त करने के लिए क्या उनके पास योजनाएँ थीं। सिर्फ़ 3 प्रतिशत के पास लिखित रूप में लक्ष्य थे, 13 प्रतिशत के पास लक्ष्य थे जो कि लिखित रूप में नहीं थे, और 84 प्रतिशत के कोई निश्चित लक्ष्य थे ही नहीं। दस साल बाद, कक्षा का दोबारा साक्षात्कार लिया गया। वे 13 प्रतिशत, जिनका कोई लिखित लक्ष्य नहीं था, 84 प्रतिशत बिना लक्ष्य वाले लोगों से दोगुना अधिक कमा रहे थे। और वे 3 प्रतिशत, जिन्होंने अपने लक्ष्य लिखकर रखे थे, बाक़ी के 97 प्रतिशत सहपाठियों से दस गुना कमा रहे थे। जहाँ ये अध्ययन सिर्फ़ कमाई को ही देखता है, विशेषज्ञों का मानना है कि अन्य बातों के लिए भी - आध्यात्मिक, मानसिक या शारीरिक (वज़न घटाना, कसरत करना, आदि) - लिखित लक्ष्य सफलता के अधिक अवसर प्रदान करते हैं (मेक्कॉर्मैक, 2014)।

अगर हम सुनिर्धारित लक्ष्य की परिकल्पना को मानते हैं तो यह तर्कसंगत होगा कि हम अपने बच्चों को भी लक्ष्य निर्धारण के प्रति संवेदनशील बनाना चाहेंगे। लेकिन, बच्चों के लिए इस विचार को समझ पाना बहुत कठिन होता है। इसका एक तरीक़ा है कि हम बच्चों को वे कहानियाँ सुनाएँ जिनमें यह सिद्ध किया गया हो कि कैसे असम्भव को सम्भव बनाया गया। कहानियों को बच्चों कि रुचि के अनुसार ही चुनना चाहिए। चूँकि देवांग... अधिकतर बच्चों की तरह - अन्तरिक्ष की यात्रा को बहुत रुचिकर मानता था, मैंने अन्तरिक्ष की कहानी से ही लक्ष्य निर्धारण को जोड़ने का प्रयास किया। दुनिया भर के अन्तरिक्ष कार्यक्रम इस बात के ज्वलंत उदाहरण हैं कि स्पष्ट लक्ष्य निर्धारण से क्या उपलब्ध किया जा सकता है। 25 मई, 1961 को राष्ट्रपति केनेडी ने काँग्रेस से कहा, "मेरा ये मानना है कि इस राष्ट्र को, इस दशक के अन्त होने के पहले, चाँद पर क़दम रखने और सुरक्षित वापस लौटने के लक्ष्य को प्राप्त करने के लिए प्रतिबद्ध होना चाहिए। मानवता के लिए कोई भी अन्य अन्तरिक्ष परियोजना इतनी अधिक प्रभावी नहीं होगी, या दूरगामी अन्तरिक्ष की खोज के लिए इतनी महत्त्वपूर्ण नहीं होगी, और कोई भी परियोजना प्राप्त करने में इतनी कठिन या महँगी भी नहीं होगी" (केनेडी, 1961)। नैशनल एयरोनॉटिक्स ऐंड स्पेस एडमिनिस्ट्रेशन (नासा) ने इस चुनौती को स्वीकार कर लिया।

निश्चय ही ये लक्ष्य कठिन और महँगा था। इसका अनुमानित व्यय

20 अरब यू एस डॉलर था। आवश्यक था डिज़ाइन, पुनः डिज़ाइन की प्राप्ति, इंजीनियरिंग, निर्माण, उत्पादन, प्रशिक्षण, पुनः प्रशिक्षण, परीक्षण, पुनः परीक्षण, लॉजिस्टिक्स और ऑपरेशन... इन सभी का क्रम से ऐसा संयोजन जैसा पहले कभी नहीं किया था। 500 से अधिक कॉन्ट्रेक्टर्स और 250 से अधिक सब कॉन्ट्रेक्टर्स को कमीशन किया गया। सारे यू एस भर से वैज्ञानिक, इंजीनियर, शिक्षक, और प्रबन्धक एक लक्ष्य हेतु एक टीम के रूप में जुड़ने के लिए आए। मिलियनों भागों को मँगवाया गया। अनेक महत्त्वपूर्ण प्रश्नों का जवाब ढूँढ़ना था, जैसे चाँद पर जाने की पद्धति - डायरेक्ट एसेन्ट, अर्थ ऑर्बिट रान्दावू (इस रान्दावू के लिए एक अन्तरिक्ष स्टेशन की आवश्यकता के साथ) या लूनार ऑर्बिट रान्दावू (जहाँ चाँद की सतह पर उतरने के लिए एक छोटे से लैन्डर का प्रयोग करना था) - चूँकि इस कार्यक्रम के सबसे महत्त्वपूर्ण तीन घटक आपस में सम्बन्धित थे, उन्हें एक साथ सम्बोधित किया गया। समय सीमा स्पष्ट थी - एक दशक। चूँकि इसमें मनुष्यों का जीवन जुड़ा हुआ था, सुरक्षा सुनिश्चित करने के लिए विश्वसनीयता बहुत आवश्यक थी। व्ययों को सँभालना था, और किसी भी प्रकार के विलम्ब के परिणाम स्वरूप ख़र्चे बढ़ सकते थे। (देखें http://history.nasa.gov/Apollomon/Apollo.html#note30)।

इस अभियान को त्रुटिहीन योजना की आवश्यकता थी और इसे अनेक मील के पत्थर पार करने थे। सबसे पहला था एक एस्ट्रोनॉट के साथ एक कक्षीय उड़ान। 20 फ़रवरी 1962 को, जॉन ग्लेन ने फ्रेंडशिप 7 मरक्युरी अन्तरिक्ष यान में पृथ्वी का चक्कर लगाया। दूसरा था अन्तरिक्ष में चलना, जिसे प्रॉजेक्ट जेमिनी के माध्यम से 1966 में पूरा किया गया। तीसरा था सैटलाइट्स के माध्यम से चन्द्रमा के बारे में और अधिक जानकारी प्राप्त करना। प्रॉजेक्ट रेन्जर, लूनर ऑरबिटरर और प्रॉजेक्ट सर्वेयर ने आवश्यक जानकारी उपलब्ध कराई। चौथा था बूस्टर्स का प्रयोग करके इस अभियान को पूर्ण विश्वास के साथ लॉन्च करना। सैटर्न बूस्टर ने पन्द्रह लॉन्चों के बाद 100 प्रतिशत विश्वसनीयता प्राप्त की। लेकिन एक दुखद घटना तब घटी जब एक मॉक लॉन्च के दौरान आग लग गई और तीन एस्ट्रोनॉट, जिन्हें अपोलो सैटर्न में उड़ान भरनी थी, की उस आग में मृत्यु हो गई। आख़िरकार, 16 जुलाई, 1969 को अपोलो ने अपनी उड़ान भरी। 20 जुलाई, 1969 को नील आर्मस्ट्राँग ने चाँद पर क़दम रखा और पचास करोड़ लोगों ने उन्हें इतिहास

रचते देखा और उनके ये प्रसिद्ध शब्द सुने, "ये आदमी का एक छोटा सा क़दम था, और मानवता के लिए एक बड़ी छलाँग।" मनुष्य को चन्द्रमा पर उतारने और उसे सुरक्षित वापस लाने का लक्ष्य आठ साल से थोड़े से ज़्यादा समय में प्राप्त कर लिया गया, क्योंकि हज़ारों लोग एकजुट होकर आए और उन्होंने लक्ष्य को पाने के लिए बाक़ी सब कुछ भुला दिया।

जहाँ एक ओर अन्तरिक्ष की खोज के चन्द पहले दशकों ने रूस और यू एस के बीच सर्वश्रेष्ठता सिद्ध करने के लिए गहन प्रतिद्वंद्विता देखी, इन्टरनैशनल स्पेस स्टेशन (आई एस एस) ने ये दिखा दिया कि प्रतिद्वंद्विता के बीच भी एक साझा लक्ष्य को पाने के लिए आपसी सहयोग कैसे बनाया जा सकता है। 1993 में रशियन एम आई आर-ज़ेड और अमेरिकन फ़्रीडम प्रोजेक्ट को एक साथ जोड़ा गया। आई एस एस के पाँच सहयोगी थे - नासा, द रशियन फ़ेडरल स्पेस एजेंसी (रॉसकॉसमॉस), द यूरोपियन स्पेस एजेंसी (ई एस ए), द जैपनीज़ एयरोस्पेस एक्स्प्लोरेशन एजेंसी (जे ए एक्स ए) और द कैनेडियन स्पेस एजेंसी (सी एस ए)। इस स्टेशन के दो भाग थे - एक रूसी और एक अमेरिकी - धरती से 330 किमी ऊपर। सभी देशों के एस्ट्रोनॉट्स आई एस एस तक पहुँचने के लिए रूसी सोयूज़ रॉकेटों का प्रयोग करते हैं। आज जो सहयोग का स्तर देखने को मिलता है, आज से चार दशक पहले उसकी कल्पना भी नहीं की जा सकती थी। ये सब एक साझा लक्ष्य के कारण सम्भव हो पाया।

इन्डियन स्पेस रिसर्च ऑर्गनाइज़ेशन (आई एस आर ओ) ने सुस्थापित लक्ष्यों की प्राप्ति के लिए विश्व भर के भारतीयों को एकजुट किया, और वह लक्ष्य था - भारत के पहले उपग्रह आर्यभट्ट का 1975 में लॉन्च करना, एक अभियान में अनेक उपग्रहों को लॉन्च करने के लिए व्हीकल्स, और 2008 में चन्द्रमा पर भेजने के लिए चन्द्रयान को लॉन्च करना। द मार्स ऑर्बिट मिशन (एम ओ एम) को 2013 में इस लक्ष्य के साथ लॉन्च किया गया कि वह मंगल ग्रह के कक्ष में पहले ही प्रयास में प्रवेश करने वाला दुनिया का पहला अन्तरिक्ष यान बने।

निजी स्तर पर, एल्बर्ट लीयन्डर 'बर्ट' रूतान ने अन्तरिक्ष यात्रा को सस्ता बनाने के लिए स्वयं की राशि से एक अन्तरिक्ष यान बनाया। रूतान ने मात्र 25 मिलियन यू एस डॉलर के ख़र्च में स्पेसशिप वन का निर्माण किया। इस प्रकार उन्होंने पहले ऐसे दो व्यक्तियों के लिए अन्तरिक्ष में जाना

सम्भव बना दिया जो कि किसी भी सरकारी फ़न्ड के तहत स्पेस प्रोग्राम का हिस्सा नहीं थे।

अन्तरिक्ष के ऊपर हर न्यूज़ रिपोर्ट, किताब, टीवी कार्यक्रम और फ़िल्मों ने मुझे देवांग के साथ लक्ष्य की शक्ति के बारे में बात करने का अवसर दिया। अन्तरिक्ष की यात्रा के नाम से उसमें जो रोमांच पैदा हो जाता था, उसका मैंने भरपूर प्रयोग किया।

जब हम छुट्टियों में सिंगापुर घूमने गए तो देवांग वहाँ की सफ़ाई, व्यवस्था और नागरिकता के जज्बे को बड़ी हैरत से देखता रहा। "ये कितना अद्‌भुत देश है। ये लोग इतना अच्छा कैसे कर पाए हैं?" उसने पूछा। "इसके लिए सिंगापुर के निवासियों को श्री ली कुआन यू को धन्यवाद देना चाहिए। उनका एक लक्ष्य था, और उन्होंने उसे प्राप्त किया," मैंने जवाब दिया।

ली कुआन यू को दुनिया भर में सिंगापुर के संस्थापक पिता के रूप में जाना जाता है। ली 1959 में सिंगापुर के पहले प्रधानमन्त्री बने। (देखें कैवेन्डिश, 2009)। 1965 में मलेशिया से अलग होने के बाद सिंगापुर बनाया गया था। 241 वर्ग मील के क्षेत्रफल और 1.879 मिलियन जनसंख्या वाले सिंगापुर के पास कोई भी प्राकृतिक सम्पदा नहीं थी और स्वयं की रक्षा हेतु बहुत ही सीमित क्षमता थी। ली ने सिंगापुर को विकासशील देश से विकसित देश में बदलने के लक्ष्य को प्राप्त करने की ठानी। विस्तृत योजनाएँ और नीतियाँ बनाई गईं। अपनी किताब *फ़्रॉम थर्ड वर्ल्ड टु फ़र्स्ट : द सिंगापुर स्टोरी* में उन्होंने इस बदलाव की कहानी का वर्णन किया (यू, 2000)। सुरक्षा क्षमता को सुदृढ़ करने के लिए अनिवार्य सैनिक सेवा लागू की गई। पुरुष नागरिकों को शस्त्र बल, पुलिस या सिविल डिफ़ेन्स फ़ोर्स में सेवा करने के लिए कहा गया। बहुसांस्कृतिक, बहुधार्मिक जीवन पद्धति को प्रोत्साहन दिया गया। भ्रष्टाचार को बिलकुल भी बर्दाश्त नहीं किया जाता था। प्रशासन में ईमानदारी को सुनिश्चित करने के लिए अधिकारियों का वेतन निजी क्षेत्र के वेतन के समकक्ष रखा गया। ली का मानना था कि सिंगापुर के लोग उसकी सबसे बड़ी सम्पत्ति थे, और उनका कार्य करने की शैली सारी दुनिया के व्यापारियों को उनकी तरफ़ आकर्षित करेगी। एक मज़बूत कानून प्रणाली, पारदर्शिता, और निवेश अनुकूल और बिज़नेस के लिए उपयुक्त नीतियों के परिणाम स्वरूप सिंगापुर को व्यापार के लिए एक बेहतरीन विकल्प माना जाने लगा। अपनी राजनैतिकता के लिए माने जाने वाले ली को अनेक पुरस्कार मिले, जिनमें लिंकन मेडल शामिल है, जो उन लोगों को दिया जाता

है जो लिंकन की परम्परा और उनके चरित्र का उदाहरण प्रस्तुत करते हैं।

2009 में मैं लेक्चर देकर अफ्रीका से लौट रहा था। हमारी फ़्लाइट रवान्डा की राजधानी किगाली में कुछ देर रुकती थी। किगाली से दोहा की उड़ान के दौरान रवान्डा से एक इंजीनियर मेरे पास आकर बैठा। चूँकि मैंने इस देश की तीव्र उन्नति के बारे में पढ़ा था, मैंने उससे रवान्डा में जीवन के बारे में अनेक प्रश्न किए। हमने जो कुछ घण्टे साथ बिताए, उनमें उसने मुझे एक अद्‌भुत कहानी सुनाई, एक ऐसी कहानी जिसे देवांग को सुनाने का मुझे अवसर मिला।

1994 में रवान्डा में एक सामूहिक नरसंहार की घटना हुई जिसके फलस्वरूप उसकी 10 प्रतिशत जनता ख़त्म हो गई। पॉल कगामे 2000 में रवान्डा के राष्ट्रपति बने। शपथ ग्रहण करने के बाद, कगामे ने 2020 के लक्ष्य के लिए एक परिकल्पना का सृजन किया। ये लक्ष्य थे उत्तम शासन एक कुशल राज्यय कौशलपूर्ण मानव संसाधन, जिनमें शिक्षा, स्वास्थ्य और सूचना प्रौद्यौगिकी सम्मिलित थे; एक शानदार निजी क्षेत्र; विश्व स्तरीय भौतिक अधोसंरचना; आधुनिक कृषि और पशुपालन।

कगामे का लक्ष्य था ग़रीबी में जी रहे लोगों की संख्या को घटा कर आधा करना और औसत वार्षिक आय को 237 यू एस डॉलर से बढ़ा कर 900 यू एस डॉलर करना। उन्होंने इन लक्ष्यों को प्राप्त करने के लिए बहुत ही व्यावहारिक नीतियों को अपनाया। आज रवान्डा की संसद में पुरुषों से अधिक महिलाएँ हैं, भ्रष्टाचार को नियन्त्रण में लाने पर बहुत अधिक ध्यान दिया गया है, दस साल से भी कम में रवान्डा भ्रष्टाचार अनुक्रमणिका में शामिल 177 देशों की सूची में 83 से 49 वें स्थान पर आ गया। बिज़नेस करने के लिए वर्ल्ड बैंक की 200 सर्वोत्तम देशों की सूची में रवान्डा 52वें स्थान पर है। स्वच्छता अभियान, राष्ट्रीय बीमा कार्यक्रम, और बेहतर शिक्षा दर ने इस देश के रूप को बदल कर रख दिया है। कगामे ने रवान्डा को एक ज्ञान अर्थव्यवस्था का रूप देने का निश्चय कर लिया है, और इसके चलते देश के 200,000 से अधिक बच्चों को लैपटॉप मिले हैं। उन्होंने इन किशोर नागरिकों के मन ऐसा गर्व भर दिया है कि वह न सिर्फ़ अपने लाभ के लिए, बल्कि देश की उन्नति के लिए भी पढ़ना और काम करना चाहते है। देखने वालों ने रवान्डा को 'अफ्रीका का सिंगापुर' कह कर बुलाना शुरू कर दिया है।

इन सालों में देवांग ने सीखा है कि कैसे लक्ष्य निर्धारण से देशों का स्वरूप बदला जा सकता। इसने उसे ये दिखाया है कि अगर लक्ष्य बड़े पैमाने पर प्रभाव छोड़ सकता है तो निजी स्तर पर ये कमाल कर सकता है।

हर हफ़्ते मैं गम्भीर लिवर समस्याओं से ग्रस्त बच्चों को देखता हूँ। उनके माता पिता अपने बच्चों को स्वस्थ देखने के लिए ज़मीन आसमान एक करने को तैयार हैं। इनमें से एक है मेरे एक मरीज़ विनय की माँ, जो औरों से अलग नज़र आती है। उसका एक ही लक्ष्य था : अपने बेटे को एक नई ज़िन्दगी जीते हुए देखना। ग्यारह साल के विनय को लिवर ट्रान्सप्लांट के लिए अपोलो हॉस्पिटल, दिल्ली भेजा गया था। वह प्राइमरी स्क्लेरोज़िंग कोलेन्जाइटिस नामक एक असामान्य लिवर रोग से ग्रस्त था। इस रोग में, बाइल डक्ट पर निरन्तर धब्बे बढ़ते जाते हैं और परिणाम स्वरूप लिवर काम करना बन्द कर देता है। जब लिवर विफल होने का अन्तिम चरण आ जाता है, तो लिवर ट्रान्सप्लांट ही एकमात्र उपचार रह जाता है। मुझे अच्छी तरह याद है जब मैंने विनय को पहली बार देखा था। वह दुबला और कमज़ोर लग रहा था। वह एक बड़ा सा बैग लेकर चल रहा था जिसमें एक नली उसके गॉल ब्लैडर से जोड़ दी गई थी ताकि बाइल या पित्त बहकर निकल जाए। उसकी मुस्कराहट खिली हुई थी और बोलती हुई आँखें थीं। उसकी मुस्कराहट ऐसी थी मुझे आश्चर्य भी हुआ और ख़ुशी भी। विनय कई महीनों से अस्पताल में था और उसकी अनेक एण्डोस्कोपिक जाँचें की गई थीं। उसका एक साल का स्कूल छूट गया था और उसने अपने दोस्तों से काफ़ी अर्से से बात नहीं की थी। न खेलकूद, न कोई मनोरंजन और अस्पताल तक सीमित जीवन। फिर भी, वह मुस्करा रहा था।

जब हम ट्रान्सप्लांट की तैयारी करने लगे तो ये स्पष्ट हो गया कि उस परिवार की सामाजिक और आर्थिक स्थिति चुनौतीपूर्ण थी। विनय की माँ अकेली कमाने वाली थी और उनके तीन बच्चे थे। वह अपने लिवर का एक भाग दान करना चाहती थीं। लेकिन जब उन्हें मना कर दिया गया तो वह बहुत दुखी हुईं (उनका लिवर मेल नहीं खाता था)। पिता का ब्लड ग्रुप मेल खाता था, लेकिन वह शराबी थे और उन्होंने काम धन्धा छोड़ रखा था। हमने कहा कि यदि वह शराब छोड़ दें तो वह उपयुक्त डोनर बन सकते हैं। माँ ने हमसे कहा कि उनके पति की शराब की लत को छुड़ाने का काम हम उन पर छोड़ दें। हमारे अस्पताल और टीम ने निःशुल्क ऑपरेशन करने का

प्रस्ताव रखा था, लेकिन फिर भी हमें दवाइयों और रोज़ लगने वाली अन्य वस्तुओं के लिए 6 लाख रुपयों का इन्तज़ाम करना था। हमने मुख्यमन्त्री राहत फ़न्ड को लिखा। हमारे मरीज़ों में से दो ने विनय के ट्रान्सप्लांट के लिए योगदान देने की स्वीकृति दे दी। जब हम रुपयों के इन्तज़ाम में लगे थे तो विनय के पिता को शराब छोड़ने का प्रयास करते देख कर हमें बड़ा प्रोत्साहन मिला। तीन महीने बाद, उन्हें एक डोनर के रूप में उपयुक्त घोषित कर दिया गया। तब तक हम 5 लाख रुपये इकट्ठा कर चुके थे और अभी भी और 1 लाख रुपयों की आवश्यकता थी। गाँव की पंचायत ने पड़ोस के गाँवों में कबड्डी प्रतियोगिताओं का आयोजन करके रुपये इकट्ठा करने का निश्चय किया। इस प्रकार आवश्यक राशि का इन्तज़ाम किया गया, और उसके पिता ने अपने लिवर का दाहिना भाग दिया। विनय ठीक हो गया और दो हफ़्तों में उसे अस्पताल से छुट्टी मिल गई। वह आज भी स्वस्थ है और स्कूल में अच्छा प्रदर्शन कर रहा है। उसके पिता अब एक कार्पेन्टर का काम करते हैं और वर्षों से उन्होंने शराब को छुआ तक नहीं है।

अगर हम चाहते हैं कि हमारे बच्चों को लक्ष्यों से लाभ मिले तो हमें बहुत कम उम्र में ही उनके साथ लक्ष्य निर्धारित करने में उनकी मदद करने का काम शुरू कर देना चाहिए। हम एक छोटे लक्ष्य से शुरू कर सकते हैं, और एक बार वह प्राप्त हो जाए तो फिर एक बड़ा लक्ष्य निर्धारित किया जा सकता है। उदाहरण के लिए अगर किसी बच्चे को गणित अच्छा नहीं लगता तो उसके लिए अगली ही परीक्षा में 'ए' ग्रेड लाने का लक्ष्य निर्धारित करने का कोई अर्थ नहीं होगा। इससे ज़्यादा गणित को अधिक रुचिकर और आनन्ददायक बनाना अधिक लाभकारी सिद्ध होगा। एक बार बच्चे को गणित रुचिकर लगने लगेगा तो वह स्वयं ही उसमें अपने अंक बेहतर करने का प्रयास करेगा/करेगी और समय के साथ लक्ष्य निर्धारित करने के मूल्य को समझेगा/समझेगी।

मोहम्मद अल-एरियन एक बहुत बड़े निवेश फ़न्ड में सी ई ओ के पद पर कार्यरत थे और उनकी वार्षिक आय 100 मिलियन यू एस डॉलर थी। अल-एरियन ने तब अपने पद से इस्तीफ़ा दे दिया जब उनकी दस साल की बेटी ने उन्हें अपने ऐसे बाईस मील के पत्थरों को बारे में बताया जिनको वह अपने काम की वजह से प्राप्त नहीं कर पाए थे। *इन्डिपेन्डेन्ट* में काहल मिल्मो द्वारा लिखे गए एक लेख में अल-एरियन के शब्दों को व्यक्त किया

गया है, "मुझे बहुत ख़राब लग रहा था और मैं रक्षात्मक हो गया था। हर खोई हुई घटना के लिए मेरे पास एक बहाना था! यात्रा, ज़रूरी मीटिंग्स, ज़रूरी फ़ोन, अचानक करने के लिए आ जाने वाले कार्य। लेकिन मुझे ये समझ आया कि मैं एक बहुत ही महत्त्वपूर्ण चीज़ की कमी महसूस कर रहा था। जितना कि मेरी समझ में आ पा रहा था, मेरे काम और जीवन के बीच का सन्तुलन नियन्त्रण से बाहर जा चुका था, और इस अनियन्त्रण का प्रभाव मेरी बेटी के साथ मेरे रिश्ते पर पड़ रहा था" (मिल्मो, 2014)। मोहम्मद अल-एरिअन के पास अब एक नया लक्ष्य है - अपनी बेटी के साथ अपने रिश्ते का पुनर्निर्माण करना। हमें अल-एरियन से सीख लेनी चाहिए, और माता पिता होने के नाते एक लक्ष्य से शुरुआत करनी चाहिए : अपने बच्चों से साथ गुणवत्तापूर्ण समय व्यतीत करना। अगर इस लक्ष्य को विशिष्ट, मापने योग्य और समयबद्ध बनाएँगे तो हम अपने बच्चों के साथ अपने रिश्ते में एक बहुत बड़ा बदलाव ला सकते हैं।

लक्ष्य मनुष्य को वहाँ ले जा सकता है जहाँ कोई और मनुष्य पहले कभी नहीं गया हो, विपरीत परिस्थितियों को अनुकूल बना सकता है, राष्ट्रों को बदल सकता है, जीवन बदल सकता है और जीवन बचा सकता है तो फिर आप अपने बच्चों को लक्ष्य के जादू से अपने बच्चों की जान पहचान कराने में देर क्यों कर रहे हैं?

उठो! जागो! और लक्ष्य प्राप्त करने तक मत रुको।

—स्वामी विवेकानन्द

ईमानदारी

ईमानदारी से बढ़कर कोई विरासत नहीं है।

—विलियम शेक्सपियर

हम अक्सर ईमानदारी के बारे में बात करते हैं। कार्यालय में और घर में, हम एक दूसरे को ईमानदारी के बारे में उपदेश देते हैं। हम चाहते हैं कि हमारे बच्चे ईमानदार बनें। हम माता पिता अक्सर ये भूल जाते हैं कि छोटे बच्चे ईमानदार होते हैं। वे झूठ नहीं बोलते। वे चोरी नहीं करते। वे बेईमान नहीं होते, क्योंकि उनका बेईमानी से आमना सामना नहीं हुआ होता। जैसे जैसे वे बड़े होते जाते हैं, वे अपने चारों तरफ़ बेईमानी के उदाहरण देखते हैं।

मेरे एक नन्हें मरीज़ आदिल की मुस्कराहट इतनी ख़ूबसूरत है कि वह किसी भी आम दिन को एक ख़ास दिन में बदल सकती है। जब भी कभी आदिल मेरे कक्ष में वह मुस्कराहट लेकर आता है तो अपने साथ बहुत सारी प्रसन्नता लेकर आता है। एक बार जब मैं उसको परामर्श के बाद 'बाय' कहने वाला था तो उसने अपनी माँ स्मिता के कानों में कुछ फुसफुसा कर कहा और अन्त में 'इन्जेक्शन' कहा। ये सुनकर मैं बहुत आश्चर्यचकित हुआ क्योंकि उस दिन आदिल को कोई टीका नहीं लगने वाला था। मैंने उसकी माँ से पूछा कि वह क्यों इन्जेक्शन की बात कर रहा था। उसकी माँ ने मुझे जो बताया, वह सुनकर मैं मुस्करा उठा, "आजकल आदिल खाने में बहुत नखरे करने लगा है, और मैंने उसे चेतावनी दी थी कि अगर वह ठीक से खाना शुरू नहीं करेगा तो उसे डॉक्टर से कह कर इन्जेक्शन लगवाऊँगी," उन्होंने बताया। जब आदिल को ये लगा कि जाँच पूरी हो चुकी है और उसकी माँ डॉक्टर को उसे इन्जेक्शन देने को कहना भूल गई हैं तो उसने अपनी माँ को याद दिला दिया। चार साल की उम्र में वह जानता था कि इन्जेक्शन से दर्द

होता है, फिर भी उसने इसके बारे में याद दिलाया। मैंने सच्ची ईमानदारी के ऐसे उदाहरण बहुत कम देखे हैं।

माता पिता होने के नाते ये हमेशा याद रखना चाहिए कि हालाँकि हम घर के बाहर बेईमानी से सामना नहीं रोक सकते, लेकिन घर में, हमें आदर्श बनना चाहिए। हमें अपनी करनी से ईमानदारी के मूल्य पर ज़ोर देना चाहिए। हमें ईमानदारी क्या है और क्या नहीं है इस विषय पर जितनी बार सम्भव हो सके, चर्चा को प्रोत्साहन देना चाहिए। बीमारी के बहाने बच्चे को स्कूल से छुट्टी दिलाना ताकि वह किसी पारिवारिक कार्यक्रम में शामिल हो सके, बेईमानी है। किसी और से बच्चे का गृहकार्य करवाना बेईमानी है। इन दोनों में से कोई भी माता पिता के समर्थन या सहारे के बिना नहीं हो सकता। मैंने पिछले दिनों 'हॉलिडे प्रोजेक्ट सर्विसेज़' को उभरते हुए देखा है। बच्चों को गर्मी की छुट्टियों में अर्थपूर्ण तरीक़े से लगाए रखने के लिए स्कूल छुट्टियों के लिए प्रोजेक्ट देते हैं। इसके पीछे मक़सद होता है बच्चों को किताबों से हट कर मुद्दों के बारे में सोचने के लिए प्रोत्साहित करना। प्रोजेक्ट की जटिलता और स्तर भिन्न हो सकता है। कुछ माता पिता अपने बच्चों के साथ इन छुट्टियों के प्रोजेक्ट पर काम करना नहीं चाहते या फिर उनके पास समय नहीं होता। इस अवसर का लाभ उठाते हुए कुछ एजेंसियाँ इन छुट्टियों की प्रोजेक्ट को पूरा करने के लिए उभर कर आई हैं। एक तय शुल्क पर, सरल या जटिल हॉलिडे प्रॉजेक्ट्स आपके द्वार पर पहुँचा दिए जाते हैं। जब माता पिता ऐसी सेवाओं का प्रयोग करते हैं तो शायद उन्हें इस बात का एहसास भी नहीं होता कि ऐसी आदतों को प्रोत्साहित करके उन्होंने अपने बच्चे का बेईमानी से परिचय करा दिया है।

ईमानदारी के मूल्य का एक सुन्दर उदाहरण है मेरी एक पसंदीदा कहानी। एक बार एक चीनी सम्राट था जिसके कोई संतान नहीं थी। उसने हज़ारों बच्चों को अपने महल में लाए जाने का आदेश दिया। फिर उसने घोषणा की उनमें से कोई एक बच्चा उसके उत्तराधिकारी के रूप में चुना जाएगा। उसने हर बच्चे को एक बीज दिया और फिर सभी बच्चों से कहा कि वे वापस अपने घर जाएँ, गमले में उस बीज को बोयें और उसकी देखभाल करें। उसने कहा कि वह एक साल बाद उनके प्रयासों का आकलन करेगा।

सभी बच्चे दिए गए बीजों की देखभाल करने लगे। उनमें से एक बच्चा

ऐसा भी था जिसके गमले में नियमित रूप से पानी देने बाद भी जीवन का कोई नामो निशान नहीं था। हफ़्तों बीत गए और उस नन्हें लड़के का गमला वैसा का वैसा ही रहा, जबकि दूसरे बच्चों के गमलों में फूल पत्तियाँ आने लग गई थीं। वह नन्हा लड़का बहुत निराश हुआ, लेकिन रोज़ गमले को पानी देता रहा। एक साल बीत गया और उसका गमला उजाड़ और सूखा ही रहा। जब सम्राट से मिलने का वक़्त आया तो वह नन्हा लड़का चिन्ता करने लगा कि सब लोग उसकी हँसी उड़ाएँगे कि उसका गमला जीवन से विहीन ही रह गया। उसकी माँ ने उससे कहा कि सम्राट सारे गमलों का निरीक्षण करना चाहते थे, इसलिए उसे जाना ही होगा, चाहे परिणाम कुछ भी हो। वह छोटा लड़का महल में गया, और उसे अपनी हीनता पर बहुत शर्मिन्दगी हुई, क्योंकि बाक़ी सभी गमले शानदार पौधों के साथ बहुत ख़ूबसूरत लग रहे थे। सम्राट ने सभी गमलों का निरीक्षण करना शुरू किया। जब उसने वह ख़ाली गमला देखा, तो उसने उस छोटे लड़के से पूछा कि क्या हुआ था। छोटे लड़के ने जवाब दिया, "महाराज, मैंने उस बीज की बहुत देखभाल की और रोज़ पानी भी दिया, लेकिन कुछ भी नहीं हुआ।" जब सारे गमलों का निरीक्षण हो चुका, तब सम्राट ने कहा, "पिछले साल मैंने तुम सबको बीज दिए थे। सभी बीजों को उबाल दिया गया था, इसलिए वे किसी भी काम के नहीं थे। अब जब मैं इन सारे ख़ूबसूरत फूल और पौधों को देख रहा हूँ तो मुझे समझ आ रहा है कि जब तुम सबने ये देखा कि उन बीजों से पौधे नहीं उग रहे तो तुम सबने मेरे दिए हुए बीजों को बदल दिया। सिर्फ़ ये छोटा लड़का, जिसके पास ये सूखा हुआ गमला है, इसने ईमानदारी का प्रदर्शन किया, जो कि मेरा मानना है कि नेतृत्व के लिए सबसे महत्त्वपूर्ण मूल्य है। इसलिए यही मेरा वारिस बनेगा।"

जहाँ एक ओर हमें स्वयं ही मूल्यों का पालन करके बच्चों को राह दिखानी चाहिए, वहीं हमें उन्हें ईमानदारी के उदाहरणों के बारे में भी बताना चाहिए।

लाल बहादुर शास्त्रीजी एक बहुत ही छोटे समय के लिए, 1964–1966 के बीच, भारत के प्रधानमंत्री रहे। वे एक बहुत ही विशिष्ट नेता थे जिनकी सादगी और ईमानदारी उन्हें एक राजनीतिज्ञ के रूप में एक अलग ही व्यक्तित्व प्रदान करती थी। उनका जन्म उसी दिन हुआ था जिस दिन महात्मा गाँधी का हुआ था। लाल बहादुर शास्त्री उनके शिष्य थे। भारत के स्वतंत्रता

संग्राम के समय उन्हें ब्रिटिश द्वारा अनेक बार गिरफ़्तार किया गया। एक बार उन्हें उनकी बीमार बेटी के साथ समय बिताने के लिए पन्द्रह दिन की अनुमति मिली। लेकिन दुर्भाग्य से, जब तक वे घर पहुँचे, उनकी बेटी की मृत्यु हो गई। उन्होंने अपनी बेटी का अन्तिम संस्कार किया और तीन दिन में जेल को वापस लौट गए, जबकि वह बारह दिन और रुक सकते थे। एक और घटना में, उन्हें अपने बीमार बेटे को देखने के लिए जेल से सात दिन का अवकाश मिला। हालाँकि सात दिन बाद उनका बेटा ठीक नहीं हुआ, लेकिन फिर भी शास्त्री जी जेल वापस लौट कर आ गए।

ईमानदारी के लिए माने जाने वाले एक और राजनीतिज्ञ हैं अब्राहम लिंकन। जब अब्राहम लिंकन एक स्टोर क्लर्क के रूप में काम करते थे तो उन्होंने 'ईमानदार एब' का ख़िताब जीता था। एक बार वह कई मील दूर पैदल चल कर एक ग्राहक को वे अतिरिक्त पैसे लौटाने के लिए गए, जो उन्होंने ग़लती से उससे ले लिए थे। एक और घटना में, एक ग्राहक ने आधा किलो चाय ख़रीदी थी पर उसे केवल पाव भर चाय ही मिली क्योंकि वज़न तौलने वाला काँटा ख़राब था। लिंकन ने स्टोर बन्द किया और पाव भर चाय पहुँचाने के लिए काफ़ी दूर तक चल कर गए।

उनकी ईमानदारी के चर्चे दूर दूर तक फैलने लगे। लोग उनका बहुत सम्मान करने लगे। सीनेट के चुनाव में वह स्टीफ़न डग्लस से हार गए। दो साल बाद लिंकन और डग्लस ने राष्ट्रपति पद के लिए चुनाव लड़ा। जब डग्लस ने सुना कि लिंकन जीत गए हैं तो ख़बर सुनाने वाले से उन्होंने कहा, "तुम लोगों ने एक बहुत ही क़ाबिल और ईमानदार व्यक्ति को चुना है।"

खेलकूद भी एक ऐसा क्षेत्र है जहाँ ईमानदारी का सर्वाधिक महत्त्व है, क्योंकि उचित खेल के बिना खेलकूद की चमक ही खो जाएगी।

बॉबी जोन्स एक साल में चार प्रमुख टूर्नामेन्ट्स जीतने वाले पहले गोल्फ़र थे। एक नैशनल चैम्पियनशिप में, बॉबी बॉल को ठेलते हुए पेड़ों के बीच में ले गए और ग़लती से बॉल को उनका हल्का सा धक्का लग गया। किसी ने इनको बॉल को धक्का देते हुए नहीं देखा था, लेकिन उन्होंने खुद को सज़ा दी और एक स्ट्रोक से खेल हार गए। जब सबने उनकी सत्यनिष्ठा की प्रशंसा की तो उन्होंने कहा, "तब तो आप सबको किसी की बैंक न लूटने के लिए भी प्रशंसा करनी चाहिए।"

2012 के एक एथलेटिक ईवेन्ट में, इवान फ़र्नान्डिस अनाया ने अबेल मुताई को, जो क्रॉस कन्ट्री रेस में सबसे आगे थे, समाप्ति रेखा से क़रीब दस मीटर पहले इस ग़लतफ़हमी में धीरे होते हुए देखा कि वह रेखा पार कर चुके थे। अनाया आसानी से इस का फ़ायदा उठाते हुए आगे जा सकते थे, लेकिन उसकी जगह वह पीछे ही रहे और इशारों से मुताई को बताकर उन्हें पहले समाप्ति रेखा को पार करने में मदद की।

डॉक्टर्स अपनी डॉक्टरी की पढ़ाई पूरी करने के बाद हिपोक्रेटिक शपथ लेते हैं। ये शपथ डॉक्टरों में अनेक ऐसे मूल्यों को संचार करती है जिनका पालन उन्हें अपने काम के दौरान करना होता है। ईमानदारी ऐसा ही एक मूल्य है : व्यावसायिक रिश्तों में ईमानदारी और डॉक्टर और मरीज़ के रिश्ते में ईमानदारी। एक शिशु रोग चिकित्सक होने के नाते माता पिता को दुखद ख़बर सुनाना बहुत मुश्किल है। मेरे मत में एक शिशु रोग चिकित्सक के लिए सबसे कठिन काम है उन्हें ये बताना कि वह अपने बच्चे को खोने वाले हैं। हम बहुत ही कोमल शब्दों, भावों और वाक्यों का चुनाव कर सकते हैं, लेकिन फिर भी एक शिशु रोग चिकित्सक को ईमानदारी से सब कुछ बताना पड़ता है, हालाँकि एक सुन्दर झाँकी बनाना बहुत ही आसान होता है। अगर आशा के ही सहारे परिवार और डॉक्टर लगे हुए हों, तो भी यथार्थवादी और ईमानदार बने ही रहना पड़ता है। मैंने तो ये देखा है कि जब हालात बिगड़ने लगते हैं तो माता पिता उसे महसूस कर लेते हैं, क्योंकि वे समझदार होते हैं। अगर माता पिता को ये मालूम हो कि वह सब कुछ किया गया है, जो किया जा सकता था तो धीरे धीरे वे बच्चे को खोने के सत्य को स्वीकार करने लगते हैं। मुझे अच्छी तरह याद है कि मेरी शीना और नीपेश से उनके नन्हें बच्चे इवान के बारे बात हुई थी जिसका लिवर ट्रान्सप्लांट होना था, लेकिन दुर्भाग्यवश उसे अन्य बहुत सी समस्याएँ थीं जिनके चलते हम ऑपरेशन नहीं कर सकते थे। उस बच्चे को केन्या से अपोलो अस्पताल में ट्रान्सप्लांट के लिए भेजा गया था। जब हमने इवान को खो दिया तो सारी टीम को बहुत दुख हुआ क्योंकि हम सभी को उससे बहुत लगाव हो गया था। हमने अपना आकलन बहुत ईमानदारी से परिवार को बताया था और इसके लिए परिवार के मन में हमारे लिए प्रशंसा थी। उन्होंने महसूस किया कि हमारी ईमानदारी ने उन्हें इस अपरिहार्य घटना के लिए मानसिक रूप से तैयार करने में मदद की थी। उन्होंने हमें एक बहुत सुन्दर कार्ड लिख कर

भेजा जिसमें उन्होंने हमें उसे उसके अन्तिम दिनों में यथासम्भव अच्छे से रखने के लिए धन्यवाद दिया था। शीना ने इवान की याद में एक फ़ाउन्डेशन की स्थापना की और मुझसे एडवाइज़री बोर्ड का हिस्सा बनने की विनती की। राखी और आदिश ओसवाल, जिन्होंने लिवर ट्रान्सप्लांट की प्रतीक्षा में अपने बच्चे को खो दिया, हमारे सच्चे व्यवहार के बहुत प्रशंसक थे। वे अपने बेटे कुँवर वीरेन ओसवाल की याद में हमारे केन्द्र के वार्षिक शैक्षिक कार्यक्रम का समर्थन करते हैं। यहाँ तक कि उन्होंने अपनी बेटी को मेरा ही सुझाया हुआ नाम दिया।

जब भी मुझे किसी बच्चे की गिरती हुई हालत की ख़बर उसके माता पिता को सुनानी होती है, तो वह पीड़ा मेरे चेहरे पर झलकने लगती है। मैं चाहे कितना ही भरसक प्रयास करूँ कि ये बोझ ले कर घर नहीं जाऊँ, मैं असफल रहता हूँ। जब नन्दिनी और देवांग मुझे उदास देखते हैं तो मुझसे पूछते हैं कि क्या बात है। मैं मरीज़ों की गोपनीयता को ध्यान में रखते हुए सब कुछ तो नहीं बता पाता, लेकिन मैं बस इतना कह पाता हूँ, "जब हमें दुखद समाचार सुनाना होता है, तब ईमानदार होना आसान नहीं होता।" मैं इन सबसे देवांग को ये संदेश देना चाहता हूँ कि सिर्फ़ इसलिए कि हमारे सामने कठिनाई है, इसका मतलब ये नहीं कि हमें आसान रास्ता चुनना चाहिए।

अक्सर ईमानदारी और सत्यनिष्ठा को एक दूसरे की जगह प्रयोग किया जाता है, लेकिन ये एक दूसरे से भिन्न हैं। सत्यनिष्ठा के बिना ईमानदारी हो सकती है, लेकिन ईमानदारी के बिना सत्यनिष्ठा नहीं हो सकती। ईमानदारी का सच्चाई और निष्कपटता से तात्पर्य है, जबकि सत्यनिष्ठा का अर्थ है परिणाम की परवाह किए बिना वही करना जो सही हो। अपनी किताब 'द प्रोफ़ेशनल्स' में सुब्रोतो बागची ने सत्यनिष्ठा का बड़े सरल तरीक़े के विवरण किया है, "हम नियमों का पालन करते हैं। जहाँ नियम नहीं हों वहाँ हम उचित न्याय का अनुसरण करते हैं। जहाँ मन में शंका हो, वहाँ हम वह नहीं करते, जो हमारे लिए आसान हो, हम परामर्श लेते हैं। अगर कभी दुविधा का सामना करना पड़ जाए तो हम खुद से पूछते हैं : क्या मेरा कृत्य मुझे या मेरे परिवार को शर्मिन्दगी में डाले बिना सार्वजनिक संवीक्षण का सामना कर सकता है?" (बागची, 2010)। ये विवरण एक जटिल मुद्दे को इतनी सरलता से सम्बोधित करता है कि एक बच्चे को भी समझ आ जाए।

हमारे हर अस्पताल में हर वार्षिक उत्सव के दिन ईमानदारी के लिए पुरस्कार देते हैं। उन कर्मचारियों को सम्मानित किया जाता है जिन्होंने ईमानदारी का प्रदर्शन किया है। मुझे एक सुरक्षा गार्ड की याद है जिसे इसलिए पुरस्कृत किया गया क्योंकि उसने एक आई फ़ोन, एक लैपटॉप और 10,000 यू एस डॉलर एक विदेशी मरीज़ को लौटाए थे जिन्हें वह मरीज़ रख कर भूल गया था। इस महिला ने जो चीज़ें लौटाई थीं, वह उसकी एक महीने की आय से कहीं ज़्यादा मूल्य की थीं, लेकिन उसने सही काम करने से पहले दो बार नहीं सोचा। मैं देवांग से इन पुरस्कारों के बारे में बात करना कभी नहीं भूलता ताकि उसके मन ये बात सुदृढ़ हो जाए कि दुनिया में ईमानदार लोग भी हैं। बस ज़रूरत है कि हम अपनी आँखें खुली रखें।

मिज़ोरम के उत्तर पूर्वी राज्य में ईमानदारी का एक बहुत ही उत्कृष्ट उदाहरण है। मिज़ोरम की राजधानी आईज़ोल जाने के राजमार्ग में, ऐसी अनेक दुकानें हैं जिन्हें *न्गाह लओ दाउर* नाम से पुकारा जाता है। इन दुकानों में कोई दुकानदार नहीं रहता। दुकानदार सब्ज़ी, फल, और फूल उनके मूल्य की सूची के साथ रख देते हैं। सूची के पास ही एक पात्र है जिसमें ग्राहकों को पैसे डालने होते हैं। ग्राहक अपनी पसन्द की वस्तु चुनते हैं, मूल्य की सूची के अनुसार कुल मूल्य की गणना करते हैं और उस पात्र में पैसे डाल देते हैं। ये व्यापार विश्वास पर चलता है और कई दशकों से चला आ रहा है। ऐसी दुनिया में जहाँ सत्यनिष्ठा बड़ी मुश्किल से देखने को मिलती है, ये समुदायों का सत्यनिष्ठा पर क़ायम रहने का जीवन्त उदाहरण है। एल्बर्ट कैमस ने कहा था, "सत्यनिष्ठा के लिए नियमों की आवश्यकता नहीं होती।" ये कथन मिज़ोरम की *न्गाह लओ दाउर* दुकानों के लिए निश्चित रूप से सार्थक है।

जब हम अपने बच्चों को ईमानदारी का प्रदर्शन करते देखें तो हमें खुल कर उनकी प्रशंसा करनी चाहिए। प्रशंसा उन पर सकारात्मक प्रभाव डाल सकती है जिससे कि बच्चों को अपना अच्छा आचरण दोबारा करने का प्रोत्साहन मिलता है ताकि उन्हें दोबारा प्रशंसा मिले। जब ये आचरण बार बार दोहराया जाता है तो वह बच्चे का सहज स्वभाव बन जाता है।

जब भी हमें उस राह पर चलने का मन करे, जो ईमानदारी से दूर ले जाए, तब हमें स्वयं को अब्राहम लिंकन, लाल बहादुर शास्त्री, बॉबी जोन्स और इवान फ़र्नान्डिस अनाया के जीवन की घटनाओं की याद दिलानी

चाहिए। हमें अपने आस पास देखना चाहिए और उन पुरुषों और महिलाओं की सराहना करनी चाहिए, जो ईमानदारी का प्रदर्शन करते हैं। अगर हम ईमानदारी की राह पर चलेंगे तो हमारे बच्चे भी उस राह पर अवश्य चलेंगे।

> *ईमानदारी झूठ बोलने से कहीं ज़्यादा है। ये सच को कहना, सच को बोलना, सच को जीना और सच से प्रेम करना है।*
>
> **—जेम्स ई फ़्रॉस्ट**

क्षमा

क्षमा वह सुगन्ध है, जो फूल उन पैरों को देता है जो उसे कुचलते हैं।

—मार्क ट्वेन

क्षमा एक ऐसा मूल्य है जिसे व्यवहार में लाना बहुत मुश्किल है। हम सबको बहुत कड़वे अनुभव हुए हैं, और वह दर्द, तड़प और चोट हमारी याद में स्पष्ट रूप से अंकित हैं। इन सबको भूल पाना ही बहुत मुश्किल होता है, क्षमा करना तो बहुत दूर की बात है।

मैं इस विचार में उलझा हुआ था कि क्षमा के बारे में देवांग से बातचीत कैसे शुरू करूँ। 2010 में हम फ़ीफ़ा विश्व कप का उद्घाटन समरोह देख रहे थे। नेल्सन मन्डेला बहुत प्रसन्न थे। वह फ़ीफ़ा विश्व कप को दक्षिण अफ़्रीका इस आशा से लेकर आए थे कि ये दक्षिण अफ़्रीका को एक प्रजातांत्रिक राष्ट्र के रूप में स्थापित करने में मदद करेगा, जहाँ विविधता का आदर और रंगभेद पर आधारित भेदभाव एक इतिहास होगा। मुझे ये विचार आया कि यही सही अवसर था। नेल्सन मन्डेला से बेहतर क्षमा का उदाहरण और कौन दे सकता था?

जब 1956 में मन्डेला पर धोखाधड़ी का मुक़दमा चलाया गया था, तब उन्हें सर्वाधिक सुरक्षा वाले रॉबेन द्वीप पर भेजा गया था, जो केप टाउन से 5 मील दूर था। रंगभेद से जुड़े अनेक विद्रोहियों को रॉबेन द्वीप पर बन्दी रखा गया था। मन्डेला को जेल के जिस कक्ष में रखा गया था वह 7 फ़ीट चौड़ा और 9 फ़ीट लम्बा था और उसमें पलंग नहीं था। अपनी किताब *लांग वॉक टु फ़्रीडम* में उन्होंने याद करते हुए लिखा है, "मैं अपने कक्ष की लम्बाई तीन क़दमों में तय कर लेता था। जब मैं लेटता था तो मेरे पैरों से मैं दीवार को छू सकता था और मेरा सिर दूसरी तरफ़ की दीवार के कंक्रीट

से रगड़ खाता था" (मन्डेला, 1995)। वह क्लास डी बन्दी थे (सबसे निम्न श्रेणी), इसलिए वह हर छः महीने में केवल एक ही व्यक्ति से मिल सकते थे। उन्हें छः महीने में केवल एक चिट्ठी लिखने या प्राप्त करने की अनुमति थी। उसका भी निरीक्षण किया जाता था। सही शब्दों में, दुनिया से उनका नाता तोड़ दिया गया था।

मन्डेला को चूना पत्थर की खदान में चट्टानें तोड़ने का कार्य सौंपा गया था। चूना पत्थर फेफड़ों को क्षति पहुँचाता था और भीषण धूप से उनकी आँखों की रोशनी पर भी प्रभाव पड़ा। जब उनके बड़े बेटे की कार दुर्घटना में मृत्यु हो गई तो उन्हें उसके अन्तिम संस्कार में सम्मिलित होने की भी अनुमति नहीं मिली। अट्ठारह साल बाद, उन्हें रॉबेन द्वीप पर पॉल्समूर जेल में स्थानान्तरित किया गया और फिर विक्टर वर्स्टर जेल में। जब 'नेल्सन मन्डेला को मुक्त करो' अभियान ज़ोर पकड़ता गया, मन्डेला को आख़िरकार सत्ताईस साल बाद बहत्तर साल की उम्र में जेल से रिहा गया।

मन्डेला ने अपने शोषकों के प्रति कोई रोष प्रकट नहीं किया। उन्होंने जेल में बिताए कठिन समय के प्रति कोई कड़वाहट नहीं दिखाई। उनसे पूछा गया कि वह जेल बिताए गए भयानक वर्षों को कैसे भूल सकते हैं? क्या इतने दशकों की पीड़ा से उन्हें क्रोध नहीं आया? वह नफ़रत को नियंत्रण में कैसे रख पाते थे? उन्होंने जवाब दिया, "नफ़रत या घृणा मस्तिष्क को धुँधला कर देती है। ये आपकी रणनीति की राह में बाधा डालती है। नेता घृणा नहीं कर सकते।"

अपनी रिहाई के तुरन्त बाद, उन्होंने प्रथम बहुजातीय चुनाव में अफ़्रीकन नैशनल कांग्रेस को विजय दिलाई। वह दक्षिण अफ़्रीका के पहले अश्वेत राष्ट्रपति बने। एफ़ डब्लू डे क्लर्क, जिन्होंने एक राष्ट्रपति के रूप में उनकी रिहाई का पत्र जारी किया था, पहले उप राष्ट्रपति बने।

मन्डेला महात्मा गाँधी की तरह ही सोचते थे, जिन्होंने कहा था, "आँख के बदले आँख के सिद्धान्त से सारी दुनिया अन्धी हो जाएगी।" अपने उद्घाटन समारोह में उन्होंने पॉल ग्रेगरी को आमंत्रित किया, जो रॉबेन द्वीप जेल में जेल के वार्डन थे। क्षमा की शक्ति का प्रयोग करके उन्होंने अपना समय दक्षिण अफ़्रीकी अश्वेत और श्वेत लोगों के बीच विश्वास स्थापित करने में लगाया। उन्होंने पेरी युतार, वह वकील जिन्होंने 1956 में

मन्डेला के मृत्यु दण्ड की माँग की थी, को खाने पर आमंत्रित किया। खाने के बाद, मन्डेला ने कहा कि जब युतार मृत्यु दण्ड की माँग कर रहे थे तो वह केवल अपना काम कर रहे थे।

मन्डेला चाहते थे कि दक्षिण अफ्रीका 'रेनबो नेशन' बने, जिसे अपनी विविधता पर गर्व हो। उन्होंने श्वेत अल्पसंख्यकों को आश्वासन दिया कि उनकी रक्षा की जाएगी। साथ ही उन्होंने यह भी सुनिश्चित किया कि अश्वेत बहुसंख्यकों को आख़िरकार वह अधिकार मिलें जिसके लिए वह दशकों से लड़ रहे थे। उन्होंने यह सुनिश्चित किया कि उनके निजी स्टाफ़ में श्वेत और अश्वेत दक्षिण अफ्रीकी, दोनों ही वर्ग के लोग हों। उन्हें ये मालूम था कि अविश्वास और दमन के दाग़ों को धुलने में समय लगेगा।

फ़ीफ़ा विश्व कप के उद्घाटन समारोह के कुछ हफ्तों के बाद, देवांग और मैं एक वीडियो स्टोर में गए। मैंने वहाँ शेल्फ़ में *इन्विक्टस* फ़िल्म की सीडी देखी। चूँकि हम जो मूल्य बच्चों की आदत में डालना चाहते हैं, बच्चों को उनको सशक्त करने की आवश्यकता होती है, मैंने ये निर्णय लिया कि मन्डेला के बारे में बात करने के एक और अवसर के लिए मैं ये वीडियो खरीदूँगा।

इन्विक्टस, जिसका लैटिन में अर्थ होता है 'अजेय' या 'अपराजित', विलियम अर्नेस्ट हेन्ली की लिखी हुई कविता है। ये कविता सत्ताईस साल तक एकान्तवास और दमन के बावजूद मन्डेला को अपराजित रहने की शक्ति देते हुए प्रेरित करती रही।

ये फ़िल्म वर्णन करती है कि कैसे मन्डेला ने पूरे राष्ट्र को जोड़ने के लिए एक खेल का प्रयोग किया। मन्डेला जानते थे कि अश्वेत लोग स्प्रिंगबॉक्स नामक रग्बी की नैशनल टीम का समर्थन नहीं करते थे क्योंकि उसमें अधिकतर लोग श्वेत थे। जब भी स्प्रिंगबॉक्स दक्षिण अफ्रीका में खेलते थे तो अश्वेत समुदाय के लोग दूसरी टीम का समर्थन करते थे। मन्डेला को लगा कि रग्बी उस मरहम का काम कर सकता था जिसकी दोनों समुदायों को आवश्यकता थी। 1995 में रग्बी विश्व कप दक्षिण अफ्रीका की मेहमान नवाज़ी में खेला जाना था। मन्डेला ने रंगभेद अभियान के बाद बनाई गई साउथ अफ्रीकन स्पोर्ट्स कमिटी को, जिसमें अश्वेतों की अधिकता थी, स्प्रिंगबॉक्स को अपना समर्थन देने के लिए कहा। बहुत लोग इस विचार के विरुद्ध थे,

लेकिन मन्डेला अपनी बात पर डटे रहे। वह स्प्रिंगबॉक्स के कप्तान फ्रैन्कॉइस पेनार से मिले और दोनों समुदायों को जोड़ने और दक्षिण अफ्रीका को एक करने वाली स्प्रिंगबॉक्स की विजय के अपने सपने के बारे में उससे बात की। जब टीम अपने फ़ैन्स से मिलने जुलने लगी तो एक असम्भव सी बात हुई। जैसे जैसे टूर्नामेन्ट आगे बढ़ता गया, स्प्रिंगबॉक्स के लिए अश्वेतों का समर्थन बढ़ने लगा, और दक्षिण अफ्रीका ने फ़ाइनल मैच में न्यूज़ीलैण्ड को हरा दिया। मन्डेला ने एक हरी स्प्रिंगबॉक्स जर्सी, जिस पर पेनार का नम्बर '6' लिखा हुआ था, पहन कर पेनार को कप थमाया। इस घटना ने एकता के लिए मन्डेला की उम्मीद से ज़्यादा प्रभाव डाला। डे क्लर्क ने बाद में कहा, "मन्डेला ने करोड़ों श्वेत रग्बी फ़ैन्स का दिल जीत लिया" (पेट्टिंगर, 2013)। रग्बी विश्व कप के फ़ाइनल ने इतिहास को पीछे छोड़ने में बहुत मदद की।

मन्डेला अपना पद छोड़ने के बहुत बाद तक भी लोगों का दिल जीतते रहे। उन्होंने अपने जेल के वार्डन क्रिस्टो ब्रैन्ड के बेटे को छात्रवृत्ति भी दी।

'प्रजातंत्र के संस्थापक पिता' अपने पीछे एक अखण्ड दक्षिण अफ्रीका छोड़ गए जहाँ सबको समान अधिकार हैं। वह दुनिया को क्षमा का एक शक्तिशाली संदेश दे गए। स्कॉट जॉन्सन ने *स्मिथसोनियन मैगज़ीन* में लिखा कि ज़ोज़ो, जो रॉबेन द्वीप में एक क़ैदी था और अब एक टूर गाइड है, ने बताया, "हमारे नेता नेल्सन मन्डेला ने हमें सिखाया कि हमें अपने दुश्मनों से बदला नहीं लेना चाहिए। इसी कारण आज हम आज़ाद हैं, आज़ाद हैं, आज़ाद हैं" (जॉन्सन, 2012)। अपनी चर्चा ख़त्म करते हुए मैंने देवांग से कहा, "इसीलिए नेल्सन मन्डेला के उदाहरण को आने वाली कई पीढ़ियों को दिया जाएगा ताकि वह उनका अनुसरण कर सकें।"

क्षमा के दिल को छू देने वाले और अद्‌भुत उदाहरण सारे इतिहास में भरे हुए हैं।

1984 में ब्राईटोन में आइरिश रिपब्लिक आर्मी की साज़िश से हुए एक बम विस्फोट में ब्रिटिश नेता एन्थोनी बेरी की मृत्यु हो गई। इस बम को पैट्रिक मैजी ने लगाया था। बेरी की बेटी जो ने अपने इस दुख का सामना करने की कोशिश की। वह अपने जीवन में कड़वाहट नहीं भरना चाहती थी, और इसलिए उसने अपने आप को दो विरोधी गुटों के बीच मध्यस्थता के काम में डुबा दिया। जब मैजी 1999 में गुड फ्राइडे एग्रीमेन्ट के तहत जेल से रिहा

हुआ तो जो ने उससे मिलने की इच्छा व्यक्त की। उनकी ये मुलाक़ात तीन घण्टे तक चली। वे फिर मिले, और ऐसी अनेक मुलाक़ातों और चर्चाओं के बाद वे दोस्त बन गए। जो ने मैजी को क्षमा कर दिया। उन दोनों ने मिलकर दुनिया में प्रेम और क्षमा का संदेश फैलाने का निश्चय किया।

वियतनाम युद्ध के दौरान, यू एस के द्वारा गिराए गए नापाम बमों ने बहुत विध्वंस किया। एक जवान लड़की, किम फ़ुक, एक ऐसे ही हमले में बहुत गम्भीर रूप से घायल हो गई। किम की एक फोटो ने मीडिया का बहुत ध्यान आकर्षित किया जिससे वियतनाम युद्ध के विध्वंस को प्रकाश में लाने में बहुत मदद मिली। उसी हमले में किम ने अपने परिवार के कुछ सदस्यों को भी खो दिया। उसे जो चोटें लगी थीं, उनके कारण उसे सत्रह सर्जरियाँ करवानी पड़ीं। लेकिन फिर भी उसके व्यवहार में कभी भी कड़वाहट नहीं नज़र आई। वह उन लोगों को क्षमा करने के लिए तैयार थी, जो उसे इतनी पीड़ा और दुख देने के लिए ज़िम्मेदार थे। 1996 में वह उस पायलट से मिली जिसने वॉशिंगटन डी सी में वियतनाम वेटरन मेमोरियल पर हमले का नेतृत्व किया था, और उसे निजी तौर पर क्षमा कर दिया।

जब हम अमृतसर में जलियाँवाला बाग देखने गए, जहाँ क़रीब 1,000 निरीह भारतीयों की ब्रिटिश द्वारा हत्या कर दी गई थी तो देवांग ने पूछा, "भारतीय इतने सहनशील क्यों थे? उन्होंने ब्रिटिश लोगों से नफ़रत क्यों नहीं की?" मैंने जवाब दिया, "बेटा, हम भाग्यशाली थे कि हमारे बीच एक ऐसा व्यक्ति था जिसने हमें सहनशीलता, अहिंसा और क्षमा की राह दिखाई।"

गाँधी ने ब्रिटिश शासकों को अपने देश के लोगों में फूट डालते हुए देखा। उन्होंने एक आर्थिक रूप से सम्पन्न देश को बर्बाद होते हुए देखा। जब वह उन लोगों से मिले जिनके परिजनों की जलियाँवाला बाग में निर्मम हत्या हुई थी तो उन्होंने उनकी उस पीड़ा को देखा, जो किसी परिवार के व्यक्ति को खोने से होती है। उन्होंने खुद भी कई सालों तक जेल में कठिनाइयाँ झेलीं। लेकिन फिर भी उनके मन में ब्रिटिश के प्रति क्रोध नहीं था। अपने प्रसिद्ध 'भारत छोड़ो' भाषण में, जहाँ उन्होंने ब्रिटिश लोगों से भारत से चले जाने के लिए कहा और भारत छोड़ो आन्दोलन शुरू किया, उन्होंने अपनी भावनाएँ व्यक्त कीं : "सवाल ब्रिटिश के प्रति आपके व्यवहार का है। मैंने देखा है कि लोगों में ब्रिटिश के प्रति नफ़रत है। लोग कहते हैं कि वे उनके व्यवहार से तंग आ गए हैं। हमें इस भावना से मुक्त होना होगा। हमारा झगड़ा ब्रिटिश

लोगों से नहीं है। हम तो सामन्तवाद के विरुद्ध लड़ रहे हैं... ऐसे समय में जब मुझे अपने जीवन की सबसे बड़ी लड़ाई लड़नी हो तो भी मैं मन में किसी के विरुद्ध नफ़रत नहीं रखूँगा" (गाँधी, 1942)।

बच्चों को क्षमा की शक्ति को पहचानने में मदद की आवश्यकता होती है। मुझे बारह साल के एक लड़के का प्रकरण याद है जिसे थकान की शिकायत के इलाज के लिए लाया गया था। उसे कोई शारीरिक लक्षण नहीं थे। अक्सर बच्चों को शारीरिक परेशानियों के परामर्श के लिए लाया जाता है जिनके बारे में बाद में पता चलता है कि वे मनोवैज्ञानिक कारणों से हैं। जब मैंने उसके शारीरिक स्वास्थ्य से सम्बन्धित प्रश्न पूछे तो माता पिता ने बताया कि वह अपना गृहकार्य पूरा नहीं कर पाता था, खेलकूद का आनन्द नहीं लेता था और ख़ुश नहीं दिखता था। उसे अक्सर क्रोध आता था और उसे किसी चीज़ में रुचि नहीं थी, पढ़ाई में भी नहीं। और अधिक पूछताछ के बाद ये स्पष्ट हुआ कि उसके व्यवहार में ये परिवर्तन स्कूल में हुई एक घटना के बाद आना शुरू हुआ था।

उस लड़के की एक सहपाठी के साथ लड़ाई हो गई थी और शिक्षक उन दोनों लड़ने वाले लड़कों को प्राचार्य के पास ले गए थे। उस लड़के को डाँट पड़ी थी और तब से उसमें ये परेशानियाँ शुरू हो गई थीं। उस लड़के को ये लगा कि हालाँकि उसने लड़ाई शुरू नहीं की थी, फिर भी उसे बराबर का ज़िम्मेदार ठहराया गया था। उसे उस लड़के पर जिसने ये लड़ाई शुरू की थी, उस शिक्षक पर और उस प्राचार्य पर क्रोध था। ये घटना दो महीने पहले घटी थी। इस लड़के के माता पिता ने उस दूसरे लड़के के माता पिता, शिक्षक और प्राचार्य से मुलाक़ात की और ये जानने की कोशिश की कि आख़िर हुआ क्या था। इस लड़के का एक भाषण प्रतियोगिता में स्कूल का प्रतिनिधित्व करने के लिए चयन हुआ था। उसका सहपाठी, जिसका चयन नहीं हुआ था, उसके डेस्क के पास आया और बोला कि वह चयन के लायक़ नहीं था। इसके बाद एक बहस शुरू हो गई और जिस बच्चे का चयन नहीं हुआ था, उसने इस लड़के को थप्पड़ मार दिया। इसने वापस पलट कर थप्पड़ मारा, और इस तरह इस घटना ने एक बड़ी लड़ाई का रूप ले लिया। उनके क्लास टीचर ने दोनों बच्चों को अलग किया। इस लड़के को लगा कि उसके साथ अन्याय हुआ था क्योंकि उसने लड़ाई शुरू नहीं की थी, केवल प्रतिकार किया था। उन दोनों लड़कों को अनुशासनहीनता का पत्र देने के अलावा और

कोई सज़ा नहीं दी गई थी। प्राचार्य और शिक्षक को लगा कि वह लड़का इस घटना को ज़रूरत से ज़्यादा तूल दे रहा था। लेकिन वह लड़का इस घटना को भूल नहीं पा रहा था, और इसका उसके जीवन पर बहुत गम्भीर प्रभाव पड़ने लगा। तीन परामर्शों के बाद उस लड़के को ये आभास हुआ कि केवल वह उस दर्द से गुज़र रहा था, और आगे बढ़ने के लिए उसे अपने सहपाठी को उसके किए के लिए क्षमा करना होगा। उस लड़के को ये समझने के लिए काफ़ी परामर्श देना पड़ा कि क्षमा ही एकमात्र रास्ता था। आख़िरकार उसने उस लड़के को क्षमा कर दिया और जीवन में आगे बढ़ गया। उसके अंक भी पहले जैसे आने लगे जैसे इस घटना से पहले आते थे, और उसे अपने पसंदीदा खेल में आनन्द आने लगा और वह खुश रहने लगा।

क्षमा निश्चय ही बहुत शक्तिशाली है। ये विवाद की समाप्ति कर सकती है। हमें खुद को और अपने बच्चों को इस ग़लत विचार से मुक्त करना होगा कि क्षमा करने से हम छोटे हो जाते हैं। बल्कि क्षमा हमें बहुत बड़ा और महान बना देती है। महात्मा गाँधी का मानना था, "कमज़ोर व्यक्ति कभी क्षमा नहीं कर सकता। क्षमा तो शक्तिशाली लोगों का गुण है।" अगर हमारे बच्चे हमें उन लोगों को क्षमा करते हुए देखेंगे जिन्होंने हमारे साथ ग़लत किया है तो वे भी ऐसा ही करेंगे। अगर हमारे बच्चे हमें घृणा से भरा और बदला लेने की फ़िराक में देखेंगे तो वे भी ऐसा ही करेंगे।

क्षमा करना ऐसा है जैसे एक क़ैदी को रिहा करना और फिर ये जानना कि वह क़ैदी तुम ही थे।

—लुई बी स्मेड्स

उपसंहार

इन अट्ठारह अध्यायों में मैंने उन मूल्यों का समावेश करने का प्रयास किया है, जो मैं मानता हूँ कि बच्चों को दुनिया का सामना करने के लिए तैयार करने हेतु ज़रूरी हैं। इनमें से कुछ मूल्य अन्य मूल्यों से अधिक महत्त्वपूर्ण हो सकते हैं। मैंने उन्हें उनके महत्त्व के अनुसार वर्गीकृत नहीं किया है, और न ही मैं बच्चों के साथ इन्हें बाँटने के लिए किसी क्रम में रखने का सुझाव दूँगा। कुछ मूल्य व्यवहार में उतारने में अन्य मूल्यों से अधिक कठिन हैं। लेकिन फिर भी, हर मूल्य को सशक्त करने की आवश्यकता रहती है, चाहे वह कितना ही सरल प्रतीत होता हो।

मैंने देखा कि देवांग के साथ चर्चा को और भी अधिक रुचिकर और मनोरंजक बनाने में तकनीक बहुत सहायक रही। इन्टरनेट, विकिपीडिया और यू ट्यूब बहुत कारगर उपकरण रहे। फ़िल्में, किताबें और पत्रिकाएँ भी बहुत सहायक रहीं। साथ ही संग्रहालयों और स्मारकों का भ्रमण भी मददगार रहा। सहजता और मस्ती महत्त्वपूर्ण घटक थे।

जहाँ एक ओर इस प्रयोग का मेरा मुख्य उद्देश्य था देवांग को उपदेश या भाषण दिए बिना ही सिखाना, वहीं दूसरी ओर मैंने खुद भी बहुत कुछ सीखा। इस सीख से एक व्यक्ति के रूप में मुझमें कई बदलाव आए।

इन सालों के दौरान, अपने रिश्तेदारों, मित्रों और मरीज़ों के माता पिता को देख देख कर मैंने अभिभावक बनने के बारे में बहुत कुछ सीखा। जब मैंने अनुभा और तपेश बगाती को अपने बेटे अरहान को रियो पैरालिम्पिक्स के वास्ते एथलीट्स के लिए एप बनाने हेतु प्रोत्साहित करते हुए देखा तो मैंने प्रोत्साहन की शक्ति के बारे में सीखा। जब मैंने सिल्विया और अनूप को अपने बच्चों ईशाना और अरमान को अपने भाई बहनों की देखभाल करना सिखाते हुए देखा तो मैंने देखभाल करने की शक्ति के बारे में सीखा। जब मैंने मुमताज़ और इरफ़ान सिद्दीक़ी को अपने जुड़वाँ बच्चों मरियम और

ज़ायरा को टीकाकरण के महत्त्व के बारे में समझाते हुए देखा तो मैंने एक सात साल के बच्चे के साथ व्यावहारिक ज्ञान और तर्क की शक्ति के बारे में सीखा। मैंने सीखा कि बच्चे अपनी तुलना किसी भी भाई-बहन, रिश्तेदार, सहपाठी, पड़ोसी या मित्रों से करना बिलकुल पसंद नहीं करते। मैंने सीखा कि किसी भी ग़लती के लिए बच्चे को सज़ा देना हानिकारक है। एक तर्कसंगत चर्चा अधिक लाभकारी है। एक निर्णायक उक्ति कहना नुक़सानदेह है। मैंने सीखा कि बच्चे आजकल जिस प्रकार के प्रेशर कुकर जैसे वातावरण में पहले से ही जी रहे हैं, माता पिता को उसमें प्रदर्शन का दबाव डाल कर उसकी परेशानियों को बढ़ाने से सर्वथा दूर रहना चाहिए। मैंने सीखा कि प्रोत्साहन, प्रशंसा, प्रेरणा, सुझाव, धैर्य (ढेर सारा) और एक हल्का सा प्रोत्साहन भरा धक्का (एक ज़ोरदार धक्के की जगह) कारगर रहते हैं, कभी कभी तो हमारी उम्मीद से कहीं ज्यादा। मैंने सीखा कि एक बच्चे के लिए किसी भी विचार, मूल्य या कौशल को अपनाने के लिए, माता पिता को उसमें उसके लिए एक तीव्र इच्छा जगानी पड़ेगी। बच्चा वही करेगा/करेगी जो वो चाहता/चाहती है। ये इतना सरल सा तथ्य है। इसके लिए इच्छा जगाना ही कुंजी है।

जैसे जैसे देवांग और मैं सीखने और बढ़ने के इस उत्साहपूर्ण रास्ते पर आगे बढ़ते गए, देवांग अपनी चिन्ताएँ, आशाएँ, सपने, भ्रान्तियाँ, ख़ुशियाँ और दुख और भी ज़्यादा बाँटने लगा। मैंने भी उसके साथ अपनी भावनाएँ ऐसे बाँटी जिसकी सम्भावना की मैंने पहले कभी कल्पना तक नहीं की थी। देवांग और मैं दोस्त बन गए - जीवन भर के लिए।

मैंने अब तक जो भी चर्चा की है, उसे मैंने अट्ठारह मूल्यों और क्या करें और क्या न करें में संक्षेपित किया है।

1. विनम्रता

- माता पिता को स्वयं विनम्र होना चाहिए ताकि बच्चे विनम्रता को नज़दीक से देखकर समझ सकें।
- हमें जल्दी शुरुआत करनी चाहिए क्योंकि इस मूल्य को विकसित होने में समय लगता है।
- विनम्रता अन्य मूल्यों के विकास के लिए रास्ता खोलती है।

2. **परिस्थितियों का सामना करना**

   ◆ माता पिता के कुछ नहीं कर पाने की स्थिति में स्वयं भी बहाने नहीं बनाने चाहिए।

   ◆ जब हमारे बच्चे ऐसा करें तो हमें उन्हें ऐसे उदाहरण देने चाहिए जिनसे कि उनके बहाने व्यर्थ लगने लगें।

   ◆ हमें अपने बच्चों से कहना चाहिए कि वे ऐसे लोगों को चिन्हित करें जिन्होंने चुनौतियों को जीता है।

3. **अभी देर नहीं हुई है**

   ◆ हर मिनट अपने साथ बदलने के अवसर के साठ सेकण्ड, हर दिन 1,440 मिनट और हर साल 8,760 घण्टे लेकर आता है। तो इसलिए, अभी देर नहीं हुई है।

4. **साहस**

   ◆ माता पिता को साहस के हर कार्य की प्रशंसा करनी चाहिए, चाहे वह कार्य कितना ही छोटा क्यों न हो।

   ◆ बार बार प्रशंसा मस्तिष्क को और अधिक ऊँचे लक्ष्य पर ध्यान केन्द्रित करने के लिए तैयार करती है और शरीर को और अधिक कठिन प्रयास करने के लिए शक्ति देती है।

5. **दबाव का सामना करना**

   ◆ बच्चे जो दबाव पहले से ही झेल रहे हैं, हमें उसमें बढ़ावा नहीं करना चाहिए।

   ◆ माता पिता को दबाव का बेहतर रूप से सामना करना चाहिए।

   ◆ थोड़ा बहुत दबाव तो अनिवार्य है, इसलिए हमें अपने बच्चों की इसके साथ जीने में मदद करनी चाहिए।

6. **ग़लतियाँ करना, कमज़ोरियों को स्वीकार करना**

   ◆ कोई भी अभिभावक त्रुटिहीन नहीं होते, इसलिए हमें अपने बच्चों से उम्मीद नहीं करनी चाहिए कि वे त्रुटियाँ नहीं करें।

- हर ग़लती एक सबक है : माता पिता और बच्चों को मिलकर सीखना चाहिए।
- हमें निर्णयात्मक प्रवृत्ति से बचना चाहिए क्योंकि इससे हम एक माता-पिता और बच्चे के बीच के रिश्ते को बर्बाद कर सकते हैं।
- हमें निःस्वार्थ प्यार देना चाहिए।

7. सपने देखो

- माता पिता को बच्चों को सपने देखने के लिए प्रोत्साहित करना चाहिए।
- हमें अपने बच्चों के सपनों को पूरा करने में यथा सम्भव मदद करनी चाहिए।
- हमें अपने बच्चे के सपनों को मारना नहीं चाहिए।
- माता पिता को ये उम्मीद नहीं करनी चाहिए कि बच्चे उनके (माता पिता के) सपनों को पूरा करें।

8. अपने व्यवसाय को पहचानो

- हमें अपने बच्चों को उनके व्यवसाय को पहचानने में मदद करनी चाहिए।
- किसी भी बच्चे को सिर्फ़ इसलिए हतोत्साहित नहीं करना चाहिए क्योंकि वह कुछ अलग करना चाहता है।
- बच्चों को भेड़ चाल में चलने की आवश्यकता नहीं है, क्योंकि वह अलग व्यक्तित्व के स्वामी हैं और उनकी जेनेटिक रचना अलग है जिसके चलते उन्हें पूर्वस्थापित नियमों को मानने की आवश्यकता नहीं है।

9. संवेदना

- माता पिता बच्चों से संवेदना का सबक़ सीख सकते हैं।
- हमें संवेदना के विषय में अपनी सीमित सोच का प्रयोग अपने बच्चों पर प्रभाव डालने के लिए नहीं करना चाहिए।
- संवेदना से भरे हर कार्य को पुरस्कार मिलना चाहिए।

10. दूसरों को ख़ुशियाँ बाँटना

- अपने बच्चों को ख़ुशियाँ देना हमारा कर्तव्य है। जब हम माता पिता बने थें, तभी हमने इस ज़िम्मेदारी को स्वीकार कर लिया था।
- माता पिता को ये उम्मीद नहीं करनी चाहिए कि बच्चे उन्हें ख़ुश करेंगे। उन्होंने ये ज़िम्मेदारी नहीं ली है।
- अपने बच्चों और अपनी ख़ुशी को चारों ओर फैलाने के लिए हमें अपने आस पास हर व्यक्ति को ख़ुशी देने का प्रयास करना चाहिए।

11. कभी निराश नहीं होना

- हमारे बच्चे चाहे कितना ही उदास और हारा हुआ महसूस करें, हमें हमेशा उन्हें आशा की किरण दिखानी चाहिए।
- कभी कभी बच्चा हमारे पास आख़िरी उम्मीद लेकर आता है। अगर हम उसे आशा नहीं दिलाएँगे, तो कौन दिलाएगा?

12. संकल्प

- जीवन उतार चढ़ाव से भरा हुआ है, हमें लगे रहने के मूल्य को सिखाना पड़ेगा।
- हमारे बच्चों को हममें संकल्प दिखना चाहिए, तभी वे हमसे प्रेरणा और शक्ति पाएँगे।
- जब जब कोई बच्चा नीचे गिरता है, माता पिता को मदद का हाथ बढ़ाना चाहिए और दोबारा खड़े होने में उसकी सहायता करनी चाहिए।

13. देने का जज़्बा

- हमें अपने बच्चों को देने में ख़ुशी को ढूँढ़ने में मदद करनी चाहिए।
- लड़कों के माता पिता को जल्दी शुरुआत करनी चाहिए और ज़्यादा मेहनत करनी चाहिए।
- जब भी बच्चा बिना किसी प्रचार की अपेक्षा के किसी को कुछ दे, हमें मुक्त कंठ से उसकी प्रशंसा करनी चाहिए।

◆ यदि हम स्वयं भी बिना किसी नाम कमाने की चाहत के कुछ दे पाएँगे तो ये देने का जज़्बा हमारे परिवार की आदत में शामिल हो जाएगा।

14. खुद बदलाव बनो

◆ अगर माता पिता खुद ही बदलना नहीं चाहते तो फिर उन्हें अपने बच्चों में किसी बदलाव की उम्मीद नहीं करनी चाहिए।

◆ अगर हमारे बच्चे हमें बदलते हुए देखेंगे तो वे भी वैसा ही करना चाहेंगे।

15. कृतज्ञता

◆ जो कुछ भी हमारे पास है, उसके लिए हम में से बहुत से लोग उतने कृतज्ञ नहीं हैं, जितना हमें होना चाहिए।

◆ हमें अपना ध्यान 'हमारे पास क्या नहीं है' से 'एक परिवार के रूप में हमारे पास क्या है' पर लाना चाहिए।

◆ जब हम एक परिवार की तरह ये करेंगे तो हमारे बच्चे भी हमारा अनुसरण करेंगे।

16. लक्ष्य

◆ हमें माता पिता होने के नाते अपने लिए लक्ष्य निर्धारित करने चाहिए।

◆ हमें इस लक्ष्य को निर्धारित करने की प्रक्रिया में अपने बच्चों को भी सम्मिलित करना चाहिए।

◆ जब हमारे बच्चे लक्ष्यों को पूरा होते हुए देखेंगे तो वे भी लक्ष्य निर्धारित करने के जादू को अपना लेंगे।

17. ईमानदारी

◆ माता पिता को आदर्श बनना चाहिए।

◆ हमें अपने घर में ईमानदारी का ऐसा सशक्त वातावरण बनाना चाहिए कि हमारे बच्चे बेईमानी, जिससे उनका सामना दुनिया में निश्चित रूप से होना ही है, का त्याग करें।

18. क्षमा

- क्षमा एक बहुत ही शक्तिशाली मूल्य है, लेकिन इसे व्यवहार में लाना बहुत कठिन है।
- जब तक हमारे बच्चे हमें पुरानी बातों को भूलते और क्षमा करते हुए नहीं देखेंगे, और वह भी बार बार, तब तक उन्हें क्षमा की राह पर चलना भी बहुत कठिन लगेगा।

मैंने ये महसूस किया कि अगर मैं ये चाहता था कि देवांग उन मूल्यों में विश्वास करे, जो मैं उसे सिखाना चाहता था तो मुझे अपनी कही हुई बातों पर चलकर दिखाना होगा। सिर्फ़ बातों से काम नहीं बनेगा, काम करके दिखाने की आवश्यकता पड़ेगी।

जब तुम्हें लगा कि मैं नहीं देख रहा था, तब मैंने देखा कि तुम मेरा ध्यान रखते थे, और मैं वह सब कुछ बनना चाहता था जो मैं बन सकता था।

—मेरी रीटा शिल्के कोराज़न
'व्हेन यू थॉट आई वॉज़न्ट लुकिंग'

आभार

मैं अपने माता पिता को एक बढ़िया बचपन के लिए धन्यवाद देना चाहता हूँ। धन्यवाद पिताजी, उस सभी सबक़ों के लिए जो मुझे बहुत ही स्पष्टता और सरलता से दिए गए। 'जब तक कोई बात तुम्हारे मुँह पर नहीं कही जाए, अपने बारे में सुनी हुई किसी भी बात पर कभी विश्वास मत करना', 'ऐसी कोई भी बात मत कहना जिसे दोबारा बोलने में तुम असहज महसूस करो', 'हमेशा दूसरों का दुख बाँटने का प्रयास करो, उनकी खुशियाँ बाँटना तुम्हारे लिए एक विकल्प है', 'कभी किसी मित्र के साथ बिज़नेस शुरू मत करो', 'मुसीबत के समय शान्त रहो', परिणाम की चिन्ता किए बिना अपने हर कार्य को अपना सब कुछ दे दो', 'तुम कोई नमक की बोरी नहीं हो जो भीग कर नरम पड़ जाओगे' (जब आठ साल की उम्र में मैं आपका ब्रीफ़केस लेने हमेशा की तरह नहीं आया क्योंकि उस दिन बारिश हो रही थी), ये सब उन अनेक सबक़ों में से मात्र कुछ ऐसे सबक़ हैं जो आपने मुझे सिखाए जिनसे मेरे विचारों को नया रूप मिला।

धन्यवाद माँ, आपके निःस्वार्थ प्यार के लिए। मुझे हमेशा ही यह पता रहा है कि आप मुझे हर वक़्त 100 प्रतिशत समर्थन देंगी। आपने जो भी मेरे लिए किया, मैंने उसका थोड़ा सा आपके पोते के लिए करने का प्रयास किया है।

मेरे सास ससुर को बहुत बड़ा धन्यवाद कि उन्होंने मुझे उनकी खूबसूरत बेटी से शादी करने दी और मेरे साथ सास ससुर से अधिक एक दोस्त की तरह रहे। धन्यवाद माँ और पा, उन सभी सलाहों के लिए जो आपने मुझे तब दीं जब मैं इस किताब को लिखने के लिए विचारों में भटक रहा था।

धन्यवाद नन्दिनी, अपनी ज़िन्दगी मेरे साथ साझा करने के लिए, मुझे मेडिकल कॉलेज और ग्यारह साल के प्रशिक्षण के दौरान प्रोत्साहन देने के

लिए, कभी कुछ न माँगने के लिए, हमेशा सहायता देने को तैयार रहने के लिए और देवांग को ऐसे पालने के लिए जैसा कि केवल तुम ही कर सकती थीं। अगर तुम्हारा सम्बल नहीं होता तो ये किताब मैं कभी नहीं लिख पाता।

धन्यवाद देवांग। तुम नहीं होते तो ये किताब भी नहीं होती।

धन्यवाद डॉ. रेड्डी, एक प्रेरणादायक आदर्श बनने के लिए। ऐसे कई मूल्य जिनका उल्लेख मैंने इस किताब में किया है, मैं आपमें देखता हूँ।

धन्यवाद श्रीमती रेड्डी, आपके संवेदना से परिपूर्ण उन सभी कार्यों के लिए जिनका साक्षी बनने का मुझे सौभाग्य प्राप्त हुआ है। जब मैं संवेदना अध्याय लिख रहा था तो जिस व्यक्ति का ख़याल मेरे मन में सबसे पहले आया, वह आप ही थीं।

धन्यवाद प्रीता रेड्डी, सुनीता रेड्डी, शोभना कामिनेनी, और संगीता रेड्डी, माता पिता की भूमिका में एक आदर्श बनने के लिए। आप सबने अपने बच्चों को बहुत अच्छे से पाला है।

धन्यवाद सिमरन, इस किताब को वास्तविक रूप देने हेतु दिन रात मेहनत करने के लिए। तुमने शाम को और छुट्टियों में घर में बहुत मेहनत की। तुम्हारे शोध, तुम्हारे सुझाव और तुम्हारे धैर्य के बिना ये किताब सिर्फ़ एक परिकल्पना बनकर ही रह जाती।

धन्यवाद नेहा, दफ़्तर को इतनी अच्छी तरह चलाने के लिए जिसके कारण मुझे घर में दफ़्तर का काम लेकर नहीं जाना पड़ा और मैं इस किताब पर काम कर पाया।

धन्यवाद प्रकाश अय्यर, मुझे इस किताब को लिखने का प्रोत्साहन देने के लिए। अगर तुमने मुझे अपनी बेहतरीन किताब *द सीक्रेट ऑफ़ लीडरशिप* के उद्घाटन पर बोलने के लिए नहीं बुलाया होता तो मेरी उदयन और अरीश से कभी मुलाक़ात नहीं होती, और इस किताब को लिखने के बीज कभी अंकुरित नहीं हुए होते।

धन्यवाद चिकी और मिली, एक ऐसे लेखक की किताब का सम्पादन करने की स्वीकृति देने के लिए जिसने पहली बार कोई किताब लिखी थी, हालाँकि तुम्हारे पास पहले से ही बहुत सी ज़िम्मेदारियाँ थीं। मिली, तुम्हारे सुझावों और टिप्पणियों से इस किताब को जीवन मिला है। अपना समय उदारता से देने और मेरे सभी प्रश्नों का तुरन्त जवाब देने के लिए रोशनी

को हृदय से धन्यवाद। तुम्हारे सम्पादन ने इस किताब में आत्मा का सृजन किया है। धन्यवाद मृगा, इस किताब की प्रतिलिपि का सम्पादन करने के लिए। तुम्हारी कार्यकुशलता और व्यवस्थित कार्यशैली ने तुम्हारे साथ काम करना बहुत आसान बना दिया। कैरोलीन और श्रुति को बड़ा सा धन्यवाद इस किताब के उद्घाटन की सारी व्यवस्था करने के लिए और इतना अच्छा प्रचार करने के लिए।

अनुवादक के बारे में

वन्दना माथुर एक प्रतिष्ठित मिशनरी स्कूल में लाइब्रेरियन के रूप में कार्यरत् हैं। उन्होंने एम.ए. (अंग्रेज़ी साहित्य) और एम.लिब.एससी. की डिग्रियाँ प्राप्त की हैं।

वन्दना का अधिकांश बचपन बेंगलूरु में बीता तथा विवाहोपरान्त वे भोपाल आ गईं। उन्हें भाषा और साहित्य से विशेष लगाव है। उन्होंने छोटी उम्र से ही अंग्रेज़ी और हिन्दी में कविताएँ और लघु कथाएँ लिखना शुरू कर दिया था। इन दोनों भाषाओं में रूचि होने के कारण उन्हें अनुवाद के क्षेत्र में क़दम रखने की प्रेरणा मिली। शुरुआत में कुछ पत्रिकाओं के लिए संक्षिप्त लेखों का अनुवाद करने के बाद उन्होंने स्वतंत्र रूप से पुस्तकों का अनुवाद करना शुरू किया। उन्होंने मंजुल पब्लिशिंग हाउस के लिए *'चिकन सूप फ़ॉर द वुमन्स सोल,' 'चिकन सूप फ़ॉर द मदर्स सोल,' 'ब्यूटी डाइट,' और 'संपूर्ण योग विद्या'* जैसी पुस्तकों का अनुवाद किया है। उन्होंने कुछ ग़ैर-सरकारी संस्थाओं तथा राज्य सरकार के विभिन्न विभागों के लिए भी अनुवाद किया है।

वन्दना संगीत और नाटक में रुचि रखती हैं और ग़ज़लें भी लिखती हैं। वे अपने पति और बेटी के साथ भोपाल में रहती हैं। संपर्क : vndnmathur646@gmail.com